Kurzgrammatik Türkisch

Zum Nachschlagen und Üben

Hasan Çakır

W0406931

Hueber Verlag

Das Werk und seine Teile sind urheberrechtlich geschützt.
Jede Verwertung in anderen als den gesetzlich zugelassenen
Fällen bedarf deshalb der vorherigen schriftlichen
Einwilligung des Verlags.

Hinweis zu § 52a UrhG: Weder das Werk noch seine Teile dürfen ohne
eine solche Einwilligung überspielt, gespeichert und in ein Netzwerk
eingespielt werden. Dies gilt auch für Intranets von Firmen und von Schulen
und sonstigen Bildungseinrichtungen.

3. 2. 1. | Die letzten Ziffern
2014 13 12 11 10 | bezeichnen Zahl und Jahr des Druckes.
Alle Drucke dieser Auflage können, da unverändert,
nebeneinander benutzt werden.
1. Auflage
© 2010 Hueber Verlag, 85737 Ismaning, Deutschland
Covergestaltung: Parzhuber und Partner, München
Fotogestaltung Cover: wentzlaff | pfaff | güldenpfennig
kommunikation gmbh, München
Coverfoto: © getty images/Digital Vision
Redaktion: Jürgen Frank, Hueber Verlag, Ismaning
Gestaltung und Realisation: Thomas Schack, Ismaning
Druck und Bindung: Ludwig Auer GmbH, Donauwörth
Printed in Germany
ISBN 978-3-19-009559-9

Vorwort

Die **Kurzgrammatik Türkisch** richtet sich an Türkischlernende ab Niveaustufe A1, die ein bestimmtes Grammatikthema gezielt nachschlagen oder vertiefen möchten.

Die **Kurzgrammatik Türkisch** enthält alle wichtigen Themen und Strukturen der türkischen Grundgrammatik. Zu jedem Thema werden klar formulierte Erklärungen und übersichtliche Tabellen geboten. Die zahlreichen Beispielsätze mit deutscher Übersetzung machen die Anwendung der Regeln verständlich und helfen Ihnen, sich diese im Zusammenhang leichter einzuprägen.

Die **Kurzgrammatik Türkisch** ist jedoch nicht nur ein Nachschlagewerk. Tests, die am Ende des Buches abgedruckt sind, geben Ihnen die Möglichkeit, Ihr Wissen unter Beweis zu stellen. Und mit dem Lösungsschlüssel können Sie anschließend überprüfen, ob Sie es richtig gemacht haben.

Die **Kurzgrammatik Türkisch** nutzen Sie also optimal, wenn Sie sich die Erklärungen und Beispiele zu einem bestimmten Thema genau durchlesen, die Formen lernen, sich ihren Gebrauch einprägen und Ihr Wissen zum Schluss mit einem der Tests überprüfen. Am Anfang jedes Kapitels finden Sie eine Zusammenfassung der wichtigsten Rubriken des Kapitels in Form von Fragen.

Wenn Sie die **Kurzgrammatik Türkisch** in dieser Weise nutzen, werden Sie nicht nur grammatisch richtiges Türkisch schreiben und sprechen lernen, sondern auch Ihren Wortschatz erweitern, denn das Vokabular in den Beispielsätzen ist dem allgemeinen Sprachgebrauch entnommen und ins Deutsche übersetzt.

Und nun wünschen wir Ihnen viel Freude mit diesem Buch und *Bol şans!* (Viel Erfolg!) beim Türkischlernen.

Verfasser und Verlag

Inhaltsverzeichnis

Schlüssel zur türkischen Grammatik

1. Wie werden im Türkischen die **grammatischen Formen** gebildet?
2. Was versteht man unter **Bindekonsonanten**?

Im Türkischen werden alle wesentlichen grammatischen Formen eines Wortes durch Anhängen von Endungen (Suffixe) an das Wort gebildet. Dabei gleicht sich der Vokal in der Endung an den letzten Vokal des Wortes an. Dies geschieht nach den Regeln der **Vokalharmonie**. Wenn man dieses grundlegende Prinzip der türkischen Sprachstruktur verstanden hat, besitzt man den Schlüssel zu ihrem Verständnis.

Wie die vokalische Angleichung der Endungen im Einzelnen funktioniert, dafür gibt es ein genaues Regelwerk.

Türkische Endungen sind meist einsilbig und werden in zwei Grundformen unterteilt: Endungen mit e und Endungen mit i.

Endungen mit e passen sich dem Wort folgendermaßen an:

der letzte Vokal des Wortes	**Vokal der Endung**
e, i, ö, ü	e
a, ı, o, u	a

Beispiele für die Endung -de:

der letzte Vokal des Wortes e, i, ö, ü	**Vokal der Endung e**	
Bamberg	Bamberg'de	in Bamberg
Berlin	Berlin'de	in Berlin
Köln	Köln'de	in Köln
Niebüll	Niebüll'de	in Niebüll

der letzte Vokal des Wortes a, ı, o, u	**Vokal der Endung a**	
Jena	Jena'da	in Jena
Mısır	Mısır'da	In Ägypten
Heilbronn	Heilbronn'da	In Heilbronn
Augsburg	Augsburg'da	In Augsburg

Endungen mit i passen sich dem Wort folgendermaßen an:

Der letzte Vokal des Wortes	Vokal der Endung
e, i	i
ö, ü	ü
a, ı	ı
o, u	u

Beispiele für die Endung -li:

der letzte Vokal des Wortes e, i	Vokal der Endung i	
Bamberg	Bambergli	Bamberger/-in
Berlin	Berlinli	Berliner/-in

der letzte Vokal des Wortes ö, ü	Vokal der Endung ü	
Köln	Kölnlü	Kölner/-in
Niebüll	Niebülllü	Niebüller/-in

der letzte Vokal des Wortes a, ı	Vokal der Endung ı	
Jena	Jenalı	Jenaer/-in
Mısır	Mısırlı	Ägypter/-in

der letzte Vokal des Wortes o, u	Vokal der Endung u	
Heilbronn	Heilbronnlu	Heilbronner/-in
Augsburg	Augsburglu	Augsburger/-in

► Mehr über die vokalharmonische Angleichung von Endungen siehe Seite 14 ff.

Bindekonsonanten

Folgen beim Anhängen einer Endung Vokale aufeinander, dann taucht meist ein Bindekonsonant auf, mit dem Wort und Endung verfugt, also miteinander verbunden werden. So lässt sich diese Verbindung leichter aussprechen.

Es gibt im Türkischen vier Bindekonsonanten: n, s, ş und y. Es gibt Regeln dafür, wann welcher Bindekonsonant verwendet wird.

In diesem Buch werden Bindekonsonanten in Klammern vor der Grundform der Endung wie folgt angegeben:

Dativendung -(y)e	d.h. steht ein Vokal am Wortende, dann mit y
Genitivendung -(n)in	d.h. steht ein Vokal am Wortende, dann mit n

Beispiele:

Wort	**+ Dativendung -(y)e**
Berlin	Berlin'e
İstanbul	İstanbul'a

Endet das Wort auf einen Vokal:

Türkiy**e**	Türkiy**e**'ye	in die Türkei
Almany**a**	Almany**a**'ya	nach Deutschland

Wort	**+ Genitivendung -(n)in**	
Berlin	Berlin'in	Berlins
İstanbul	İstanbul'un	İstanbuls

Endet das Wort auf einen Vokal:

Türkiy**e**	Türkiy**e**'**n**in	der Türkei
Almany**a**	Almany**a**'**n**ın	Deutschlands

Schreiben Sie die Tabellen für die vokalharmonische Angleichung von Endungen auf ein Blatt Papier. Sie können es als Lesezeichen verwenden. Mithilfe dieses Angleichungsschemas können Sie dann die Endungen mühelos an die Wörter anhängen. Mit der Zeit wird Ihnen die Vokalharmonie als etwas Selbstverständliches erscheinen.

Das türkische Alphabet besteht aus 29 Buchstaben. Die meisten kommen auch im Deutschen vor und werden wie im Deutschen ausgesprochen.

1. Welche **Buchstaben** werden im Türkischen **anders** als im Deutschen **ausgesprochen**?
2. Gibt es im Türkischen **Diphthonge**?
3. Auf welcher **Silbe** werden die türkischen Wörter **betont**?
4. Wie wird der türkische **Apostroph** verwendet?

Aussprache, Betonung und Intonation

Die Aussprache der Buchstaben

Die folgenden Buchstaben werden abweichend vom Deutschen ausgesprochen:

c	wie **dsch** in **Dsch**ungel	cami	Moschee
j	wie **j** in **J**ournal	jeton	Marke
l	am Silben- und Wortende wie im englischen wa**ll** oder im Kölner Dialekt, sonst wie im Deutschen	güzel	schön
s	stimmloses **s** wie in Wa**ss**er	su	Wasser
v	wie **w** in **w**o	var	es gibt
y	wie **j** in **j**a	yok	es gibt nicht
z	stimmhaftes **s** wie in **S**onne	zor	schwierig

Die folgenden Buchstaben kommen im deutschen Alphabet nicht vor:

ç	wie **tsch** in Deu**tsch**	çay	Tee
ğ	wird nicht gesprochen, dehnt den vorhergehenden Vokal	dağ	Berg
ş	wie **sch** in **sch**ön	şeker	Zucker
ı	dumpfer Laut wie in **hm**	hım	hm!

- Im Türkischen werden alle Buchstaben gesprochen.
- Es gibt weder Diphthonge wie *eu*, *ei* oder *ie* noch Konsonantenkombinationen wie *sch*, *ch*, *tsch* oder *dsch*.

Die Vokale

Die 8 Vokale des Türkischen werden nach ihrem Klang in zwei Kategorien eingeteilt:

helle Vokale	e i ö ü
dunkle Vokale	a ı o u

Mehrere aufeinanderfolgende Vokale werden getrennt gesprochen:

reis	re-is	Chef, Kapitän
muayene	mu-a-ye-ne	Untersuchung
maalesef	ma-a-le-sef	leider

Die Konsonanten

Die 21 Konsonanten werden in zwei Gruppen eingeteilt: stimmhafte und stimmlose Konsonanten:

stimmhafte Konsonanten	b	c	d	g	ğ	j	l	m	n	r	v	y	z
stimmlose Konsonanten	p	ç	t	k	h	ş					f		s

Doppelkonsonanten werden getrennt ausgesprochen:

anne	an-ne	Mutter
gitti	git-ti	er/sie ist gegangen

Anne eve gitti.	Die Mutter ist nach Hause gegangen.

Betonung und Intonation

Im Türkischen sind alle Silben eines Wortes mehr oder weniger gleichmäßig betont mit einer etwas stärkeren Betonung der letzten Silbe:

árká**dáş**	Freund/-in
árkádáş**lár**	Freunde

In einem einfachen Aussagesatz ist die Intonation (= Satzmelodie) zum Satzende hin fallend:

Yolcular trenden indi**lèr**.	Die Passagiere sind aus dem Zug ausgestiegen.
Yolcular otobüse bindi**lèr**.	Die Passagiere sind in den Bus eingestiegen.

In einem Fragesatz ist die Intonation zum Satzende hin ansteigend. Enthält die Frage ein Fragewort (ne, kim etc.), liegt die Betonung auf dem Fragewort:

Bu adam **kim**? Adınız **ne**?	Wer ist dieser Mann? Wie heißen Sie?

Die Fragepartikel mi ist immer unbetont. Die Betonung liegt auf der vorausgehenden Silbe:

Patrick gel**di** mi? Hava gü**zel** mi? Patrick uyu**du** mu?	Ist Patrick gekommen? Ist das Wetter schön? Ist Partrick eingeschlafen?

Die Fragepartikel mi schreibt man vom Bezugswort getrennt. Sie unterliegt ebenfalls der Vokalharmonie.

In der Aussprache zweier aufeinanderfolgender Wörter wird oft ein Konsonant am Wortende mit der ersten Silbe eines vokalisch beginnenden Wortes verbunden:

geschrieben	**ausgesprochen**	
Dü**n** a**k**şam geldim.	Dü-**nak**-şam-gel-dim.	Ich bin gestern Abend gekommen.
Ça**y** i**ç**me**k** **is**terim.	Ça-**yiç**-me-**kis**-te-rim.	Ich möchte Tee trinken.

Die Schreibung

Die Groß- und Kleinschreibung

Nur Eigennamen, Satzanfänge und Titel werden großgeschrieben, alle anderen Wörter klein:

İyi günler Patrick. Nasılsın? Teşekkür ederim. İyiyim. Türkçe-Almanca Sözlük	Guten Tag Patrick. Wie geht es dir? Danke. Mir geht es gut. Türkisch-Deutsches Wörterbuch

Die Silbentrennung

Silben bilden jeweils eine Sprecheinheit. Jede Silbe enthält einen Vokal. Einsilbige Wörter können nicht getrennt werden. Ein mehrsilbiges Wort trennt man nach den Sprechsilben:

para	pa-ra	Geld
vermek	ver-mek	geben
kitap	ki-tap	Buch
okumak	o-ku-mak	lesen
maaş	ma-aş	Gehalt

Der Apostroph

Um die Fallendungen -(y)i, -(y)e, -de, -den, -(n)in von Eigennamen, Ziffern und Abkürzungen zu trennen, wird ein Apostroph gesetzt:

Patrick'in evi Berlin'de.	Patricks Haus ist in Berlin.
Patrick Berlin'de oturuyor.	Patrick wohnt in Berlin.
Barbara'dan duydum.	Ich habe von Barbara gehört.
Otobüs saat 7'de kalkıyor.	Der Bus fährt um 7 Uhr ab.
PTT'ye gidiyorum.	Ich gehe zur Post.

Das Dehnungszeichen

Das â und û mit Dehnungszeichen kommt bei Wörtern aus dem Arabischen und Persischen vor, da die vorausgehenden Konsonanten g, k und l eine vordere Aussprache benötigen.

rüzgâr	wie **g** in **g**rün	Wind
dükkân	wie **k** in **K**lassik	Laden
lâmba	wie **l** in **L**ampe	Lampe

Bei gleich geschriebenen Wörtern zeigt das Dehnungszeichen Bedeutungsunterschiede an:

hala – hâlâ	Tante – noch
hal – hâl	Halle – Zustand
kar – kâr	Schnee – Gewinn

Im Türkischen müssen Vokale harmonisch zusammenpassen.

1. Was versteht man unter **Vokalharmonie**?
2. Welche Funktionen haben die **Endungen**?
3. Wie werden **Endungen** an das Wort **„harmonisch" angehängt**?

Die Vokalharmonie

In türkischen Wörtern kommen in der Regel nur helle Vokale oder nur dunkle Vokale vor. Wenn die erste Silbe eines Wortes einen hellen Vokal enthält, dann haben die anderen Silben des Wortes auch helle Vokale. Bei dunklen Vokalen verhält es sich entsprechend.

Wörter mit hellen Vokalen, z.B.:

döner, börek, yemek, bilmek	Döner, Pastete, essen, wissen

Wörter mit dunklen Vokale, z.B.:

durak, balık, sıcak, uyumak	Haltestelle, Fisch, heiß, schlafen

Diese vokalische Anpassung des Wortes nennt man im Türkischen **Vokalharmonie**.

Fast alle Wörter unterliegen der Vokalharmonie. Ausnahmen bilden Wörter, die aus anderen Sprachen übernommen wurden:

otobüs, taksi, metro, maalesef   Autobus, Taxi, U-Bahn, leider

Die Endungen (Suffixe)

Die zwei Grundformen der Endungen

Endungen sind im Türkischen meist einsilbig und können in zwei Grundformen eingeteilt werden:
Endungen mit e wie -de, -me, -mek, -ler, -e etc.
Endungen mit i wie -di, -li, -mi, -i etc.
Es gibt auch zweisilbige Endungen, die in jeder Silbe als Vokal ein e oder ein i enthalten, wie -ecek, -ince, -inci etc.

Funktionen von Endungen

Endungen sind keine selbstständigen Wörter. Werden sie jedoch an ein Wort angehängt, verändern sie die Bedeutung dieses Wortes.

Ableitung und Beugung eines Wortes werden im Türkischen durch Anfügen von Endungen gebildet. Dabei bleibt das Wort unverändert. Beispiele:

Durch Anhängen der Lokativendung -de an ein Substantiv wird der Ortsfall des Substantivs gebildet:

Wort	**+ Ortsfallendung -de**	
otel	otelde	im Hotel
deniz	denizde	im Meer
Berlin	Berlin'de	in Berlin

Durch Anhängen von -di an einen Verbstamm werden die Vergangenheitsformen des Verbs gebildet:

Verbstamm	**+ Zeitendung -di**		
gel(mek)	geldi	komm(en)	er/sie ist gekommen
ver(mek)	verdi	geb(en)	er/sie hat gegeben

Mithilfe der Endung -lik kann man ein Adjektiv substantivieren:

güzel	güzellik	Schönheit
çirkin	çirkinlik	Hässlichkeit

Das Anhängen von Endungen

Endungen werden nach festgelegten Regeln an das Wort angehängt.

Die vokalharmonische Angleichung von Endungen

Wie die Wörter unterliegen auch fast alle Endungen der Vokalharmonie, d.h. die Endung muss sich dem Wort vokalharmonisch anpassen. Das geschieht nach dem letzten Vokal des Wortes, dementsprechend verändert sich der Vokal der Endung.

Dabei ist zu unterscheiden zwischen der e-Endung und der i-Endung.

Die e-Endung folgt dem Schema:

der letzte Vokal des Wortes → Vokal der Endung
e, i, ö, ü → e
a, ı, o, u → a

Beispiele für die Ortsfallendung -de:

Wort	+ -de		
ev	evde	Haus	zu Hause
şehir	şehirde	Stadt	in der Stadt
köy	köyde	Dorf	im Dorf
gün	günde	Tag	am Tag
ada	adada	Insel	auf der Insel
kır	kırda	Weide	auf der Weide
yol	yolda	Weg	auf dem Weg
okul	okulda	Schule	in der Schule

Die i-Endung folgt dem Schema:

letzter Vokal des Wortes → Vokal der Endung
e, i → i
ö, ü → ü
a, ı → ı
o, u → u

Beispiele für die Endung -lik:

Wort	+ die Endung -lik		
güzel	güzellik	schön	Schönheit
temiz	temizlik	sauber	Sauberkeit
bön	bönlük	doof, blöd	Blödheit
güç	güçlük	schwierig	Schwierigkeit

dar ıssız	darlık ıssızlık	eng, knapp unbewohnt	Enge, Knapp-heit Einöde

zor durgun	zorluk durgunluk	schwierig bewegungslos	Schwierigkeit Bewegungs-losigkeit

Ausnahmen

Eine Ausnahme zu dieser Regel bilden die folgenden Endungen.
Die Gerundialendung -ken:

uyurken içerken	beim Schlafen beim Trinken

Die Präsensendung -iyor. Hier bleibt -yor unverändert, nur die erste Silbe -i verändert sich:

içiyor gülüyor	er trinkt er/sie lacht

Die Zugehörigkeitsendung -ki:

benimki onunki	meiner seiner/ihrer

Die Endung -leyin, die einige Zeitadverbien bildet:

sabah akşam gece	sabahleyin akşamleyin geceleyin	Morgen Abend Nacht	morgens abends nachts

Die Endung -imtrak, die Farb- und Geschmacksadjektive bildet. Hier bleibt -trak unverändert:

sarı yeşil acı ekşi	sarımtrak yeşilimtrak acımtrak ekşimtrak	gelb grün bitter sauer	gelblich grünlich bitterlich säuerlich

Mehrere Endungen hintereinander

An ein Wort können mehrere Endungen angehängt werden. Dann gleicht sich jede e- oder i-Endung vokalharmonisch dem vorausgehenden Vokal an:

Wort	+ -li	+ -ler	+ -in
Berlin	Berlinli	Berlinliler	Berlinlilerin
Osnabrück	Osnabrücklü	Osnabrücklüler	Osnabrücklülerin
İstanbul	İstanbullu	İstanbullular	İstanbulluların

Anhängen von zweisilbigen Endungen

Bei zweisilbigen Endungen enthält jede Silbe ein e oder i und gleicht sich dem vorausgehenden Vokal an.

Beispiele für die zweisilbige Endung -inci, die eine Ordnungszahl bildet:

bir	→	birinci	erster
üç	→	üçüncü	zweiter
dokuz	→	dokuzuncu	neunter

Die Konsonantenharmonie

Im Türkischen müssen Konsonanten zusammenpassen, wenn sie beim Anhängen der Endungen aufeinanderfolgen:

Assimilation von c → ç, d → t, g → k

stimmhafte (weiche) Konsonanten	b	c	d	g	ğ	j	l	m	n	r	v	y	z
stimmlose (harte) Konsonanten	p	ç	t	k	h	ş					f		s

Kommen die stimmhaften Konsonanten c, d oder g als erste Buchstaben einer Endung vor, werden sie zu den stimmlosen Konsonanten ç, t oder k, wenn das Wort mit einem stimmlosen Konsonanten endet.

Beispiele für die Endung -ce:

Wort	+ Endung -ce	
Alman	Almanca	Deutsch
İngiliz	İngilizce	Englisch

Endet das Wort auf einen stimmlosen Konsonanten, dann wird c zu ç:

İsveç	İsveççe	Schwedisch
Türk	Türkçe	Türkisch

Beispiele für die Lokativendung -de:

Wort	**+ Lokativendung -de**	
Berlin	Berlin'de	in Berlin
Antalya	Antalya'da	in Antalya

Endet das Wort auf einen stimmlosen Konsonanten, dann wird d zu t:

Paris	Paris'te	in Paris
Frankfurt	Frankfurt'ta	in Frankfurt
Düsseldorf	Düsseldorf'ta	in Düsseldorf

Beispiele für die Endung -gi, die aus Verbstämmen Substantive bildet:

Verbstamm	**+ Endung -gi**		
çal(mak)	çalgı	spiel(en)	Musikinstrument
ver(mek)	vergi	geb(en)	Steuer

Endet das Wort auf einen stimmlosen Konsonanten, dann wird g zu k:

iç(mek)	içki	trink(en)	alkoholisches Getränk
as(mak)	askı	häng(en)	Bügel

Assimilation von p → b, ç → c, t → d, k → ğ
Beim Anhängen von Endungen bleiben die Wörter in der Regel unverändert. Eine Ausnahme zu dieser Regel bilden die vier Konsonanten p, ç, t und k:

stimmhafte (weiche) Konsonanten	b	c	d	g	ğ	j	l	m	n	r	v	y	z
stimmlose (harte) Konsonanten	p	ç	t	k	h	ş					f		s

Die stimmlosen Konsonanten p, ç, t und k verlieren am Wortende ihre Stimmlosigkeit, wenn die Endung mit einem Vokal beginnt, und werden zu den stimmhaften Konsonanten b, c, d bzw. ğ:

Wort	+ Akkusativendung -i	
şarap	şarabı	den Wein
şurup	şurubu	den Sirup
ilaç	ilacı	das Medikament
araç	aracı	das Mittel
kilit	kilidi	das Schloss
ümit	ümidi	die Hoffnung
sokak	sokağı	die Straße
tarak	tarağı	den Kamm

Ausnahmen

Eine Ausnahme bilden einsilbige Wörter:

Wort	+ Akkusativendung -i	
ip	ipi	das Seil
saç	saçı	das Haar
süt	sütü	die Milch
ek	eki	die Endung

Die mehrsilbigen Wörter, die auf -t enden, bilden oft Ausnahmen:

Wort	+ Akkusativendung -i	
omlet	omleti	das Omelett
sepet	sepeti	den Korb
sanat	sanatı	die Kunst

Endet das Wort auf -nk, dann wird k zu g:

Wort	+ Akkusativendung -i	
renk	rengi	die Farbe
çelenk	çelengi	den Kranz

Weil es von dieser Regel einige Ausnahmen gibt, steht in Wörterbüchern bei Substantiven, die auf -p, -ç, -t oder -k enden, oft eine entsprechende Angabe:
şarap, -bı
ilâç, -cı
kilit, -di
sokak, -ğı
renk, -gi

Die Bindekonsonanten

Die Vokale werden durch Bindekonsonanten (-n-, -s-, -ş-, -y-) miteinander verbunden, wenn sie beim Anhängen der Endungen aufeinanderfolgen (→ Bindekonsonanten, Seite 8):

Genitivendung -(n)in	Barbara'nın	Barbaras
Possessivendung -(s)i	Barbara'nın arabası	Barbaras Auto
Distributivzahlendung -(ş)er	yedişer	je sieben
Dativendung -(y)e	Türkiye'ye	in die Türkei

Das Substantiv

Substantive (auch „Nomen" genannt) bezeichnen Lebewesen, Gegenstände und Abstrakta.

1. Gibt es im Türkischen **Artikel** und ein **grammatisches Geschlecht**?
2. Wie wird der **Plural** der Substantive gebildet?
3. Wie **dekliniert** man die Substantive?
4. Wie bildet man **Substantivgruppen**?
5. Wie wird im Türkischen die **Verkleinerungsform** gebildet?

Die Artikellosigkeit

Im Türkischen gibt es keinen Artikel und kein grammatisches Geschlecht.

tren taksi tramvay	Zug / der Zug Taxi / das Taxi Straßenbahn / die Straßenbahn
erkek kadın	Mann / der Mann Frau / die Frau
baba anne çocuk	Vater / der Vater Mutter / die Mutter Kind / das Kind
ekmekçi doktor	Bäcker / der Bäcker, Bäckerin / die Bäckerin Arzt / der Arzt, Ärztin / die Ärztin

Im Türkischen gibt es keinen unbestimmten Artikel.
Um einen Gegenstand oder eine Person als stellvertretend für eine Klasse zu bezeichnen, wird das Zahlwort bir (eins) verwendet. Bir steht unverändert vor dem Substantiv.

bir çanta bir kazak bir ev	eine Tasche ein Pullover ein Haus

Patrick bir çanta aldı. Bir kazak istiyorum.	Patrick hat eine Tasche gekauft. Ich möchte einen Pullover.

bir doktor	ein Arzt / eine Ärztin
bir çocuk	ein Kind
bir kadın	eine Frau
bir adam	ein Mann

Burada bir doktor var mı?	Gibt es hier einen Arzt / eine Ärztin?

Die Pluralbildung der Substantive

Der Plural der Substantive wird durch Anhängen der Pluralendung -ler gebildet. Die Endung -ler steht immer unmittelbar nach dem Substantiv:
Substantiv + Pluralendung -ler

Singular	Plural	
otel	oteller	(die) Hotels
banka	bankalar	(die) Banken
ev	evler	(die) Häuser
sokak	sokaklar	(die) Straßen

Substantive nach Zahlen und Mengenangaben erhalten keine Pluralendung -ler.

iki kadın	zwei Frauen
üç cocuk	drei Kinder
yüz kuruş	hundert Groschen

çok insan	viele Menschen
az insan	wenige Menschen
birkaç ev	einige Häuser
birçok kez	mehrere Male

Die Deklination der Substantive

Im Türkischen gibt es sechs Fälle. Sie werden durch Anhängen von Fallendungen an das Substantiv gebildet.

Die Fallendungen

Fall	Fallendung	auf die Frage	
Nominativ	endungslos	Kim veya ne?	Wer oder was?
Akkusativ	-(y)i	Kimi veya neyi?	Wen oder was?
Dativ	-(y)e	Kime veya nereye?	(Zu) wem oder wohin?
Lokativ	-de	Kimde veya nerede?	Bei wem oder wo?
Ablativ	-den	Kimden veya nereden?	Von wem oder woher?
Genitiv	-(n)in	Kimin?	Wessen?

Die Deklination

Singular

Substantiv + Fallendung

Nom.	otel	das Hotel	bir otel	ein Hotel
Akk.	oteli	das Hotel	bir oteli	ein Hotel
Dat.	otele	dem Hotel	bir otele	einem Hotel
Lok.	otelde	im Hotel	bir otelde	in einem Hotel
Abl.	otelden	aus dem Hotel	bir otelden	aus einem Hotel
Gen.	otelin	des Hotels	bir otelin	eines Hotels

Plural

Die Fallendung steht nach der Pluralendung -ler:
Substantiv + Pluralendung -ler + Fallendung

Nom.	oteller	die Hotels
Akk.	otelleri	die Hotels
Dat.	otellere	der Hotels
Lok.	otellerde	in den Hotels
Abl.	otellerden	aus den Hotels
Gen.	otellerin	der Hotels

Die Deklination der Eigennamen

Bei Eigennamen wird die Fallendung mit einem Apostroph getrennt.

Nom.	Walter	(der) Walter
Akk.	Walter'i	(den) Walter
Dat.	Walter'e	zu Walter
Lok.	Walter'de	bei Walter
Abl.	Walter'den	von Walter
Gen.	Walter'in	Walters

Deklinationsbeispiele für Substantive, die auf Vokal enden:

(→ Die Bindekonsonanten, Seite 20)

Nom.	taksi	banka	die Bank
Akk.	taksiyi	bankayı	die Bank
Dat.	taksiye	bankaya	der Bank
Lok.	takside	bankada	auf der Bank
Abl.	taksiden	bankadan	von der Bank
Gen.	taksinin	bankanın	der Bank

Ausnahme

Nur das Substantiv su bildet im Genitiv eine Ausnahme:

suyun des Wassers

Deklinationsbeispiele für Substantive, die auf stimmlosen Konsonanten enden:

(→ Die Konsonantenharmonie, Seite 17 ff.)

Nom.	Paris	şef	kebap	sokak
Akk.	Paris'i	şefi	kebabı	sokağı
Dativ.	Paris'e	şefe	kebaba	sokağa
Lok.	Paris'te	şefte	kebapta	sokakta
Abl.	Paris'ten	şeften	kebaptan	sokaktan
Gen.	Paris'in	şefin	kebabın	sokağın

Paris'te oturuyorum.	Ich wohne in Paris.
Frankfurt'ta çalışıyorum.	Ich arbeite in Frankfurt.
İşten geliyorum.	Ich komme von der Arbeit.
Durakta bekliyorum.	Ich warte an der Haltestelle.
Çocuklar sokakta oynuyor	Kinder spielen auf der Straße.
Şef Frankfurt'tan geliyor.	Der/Die Chef/-in kommt aus Frankfurt.
Patrick Neuhof'ta çalışıyor.	Patrick arbeitet in Neuhof.

Die sechs Fälle antworten im Wesentlichen auf folgende Fragen:
Fragewort und Antwort stehen jeweils im gleichen Fall.

Nominativ (endungsloser Fall) antwortet auf die Frage

„Kim veya ne?"	„Wer oder was?"
Frage: Kim okuyor?	Wer liest?
Antwort: Walter.	Walter.
Frage: Ne okuyor?	Was liest er?
Antwort: Gazete.	Zeitung.

Kim, ne, Walter und gazete stehen im Nominativ (endungsloser Fall).

Akkusativ *(-i-Fall)* antwortet auf die Frage

„Kimi veya neyi?"	„Wen oder was?"
Frage: Kimi arıyorsun?	Wen suchst du?
Antwort: Walter'i.	Walter.
Frage: Neyi arıyorsun?	Was suchst du?
Antwort: Anahtarı.	Den Schlüssel.

Kim**i**, ney**i**, Walter'**i** und anahtar**ı** stehen im Akkusativ, im -i-Fall.

Dativ *(-e-Fall)* antwortet auf die Frage

„Kime veya nereye?"	„Wem oder wohin?"
Frage: Kime yazıyorsun?	Wem schreibst du?
Antwort: Walter'e.	Walter.
Frage: Nereye gidiyorsun?	Wohin fährst du?
Antwort: Berlin'e.	Nach Berlin.

Kim**e**, nerey**e**, Walter'**e** und Berlin'**e** stehen im Dativ, im -e-Fall.

Lokativ (-de-Fall) antwortet auf die Frage

„Kimde veya nerede?"	„Bei wem oder wo?"
Frage: Anahtar kimde?	Bei wem ist der Schlüssel?
Antwort: Walter'de.	Bei Walter.
Frage: Walter nerede?	Wo ist Walter?
Antwort: Berlin'de.	In Berlin.

Kim**de**, nere**de**, Walter'**de** und Berlin'**de** stehen im Lokativ, im -de-Fall.

Ablativ (-den-Fall) antwortet auf die Frage

„Kimden veya nereden?"	„Von wem oder woher?"
Frage: Mektup kimden?	Von wem ist der Brief?
Antwort: Bay Walter'den.	Von Herrn Walter.
Frage: Nereden geliyorsun?	Woher kommst du?
Antwort: Otelden.	Vom Hotel.

Kim**den**, nere**den**, Walter'**den** und otel**den** stehen im Ablativ, im -den-Fall.

Genitiv (-in-Fall) antwortet auf die Frage

„Kimin?"	„Wessen?"
Frage: Bu kitap kimin?	Wessen Buch ist das?
Antwort: Walter'in.	Walters.

Kim**in** und Walter'**in** stehen im Genitiv, im -in-Fall.

Die Substantivgruppe

Eine Substantivgruppe bildet man, um ein Zugehörigkeitsverhältnis zu etwas oder Art, Ort und Material von etwas auszudrücken.

Man unterscheidet drei Typen von Substantivgruppen.

Typ 1: Zugehörigkeit (Genitivkonstruktion)

Die Bildung einer Substantivgruppe vom Typ 1 folgt dem Schema:

1. Substantiv	**2. Substantiv**
Besitzer + Genitivendung -(n)in	Besitz + Possessivendung -(s)i

1. Substantiv	2. Substantiv	→ Substantivgruppe	
Walter	otel	Walter'in oteli	Walters Hotel
otel	balkon	otelin balkonu	der Balkon des Hotels
Walter	araba	Walter'in arabası	Walters Wagen
araba	motor	arabanın motoru	der Motor des Wagens

(→ Die Bindekonsonanten, Seite 20)

eşek	kuyruk	eşeğin kuyruğu	der Schwanz des Esels
kitap	fiyat	kitabın fiyatı	der Preis des Buches

(→ Die Konsonantenharmonie, Seite 17 ff.)

Die Pluralendung -ler steht unmittelbar nach dem Substantiv:

oteller	balkonlar	otellerin balkonları	die Balkone der Hotels
Walter	oteller	Walter'in otelleri	Walters Hotels

Die Deklination

Die Deklination der Substantivgruppe vom Typ 1 folgt immer dem Schema:

Substantivgruppe + Bindekonsonant **n** + Fallendung

Nom.	Walter'in oteli	Walters Hotel
Akk.	Walter'in otelini	Walters Hotel
Dat.	Walter'in oteline	zum Hotel von Walter
Lok.	Walter'in otelinde	im Hotel von Walter
Abl.	Walter'in otelinden	vom Hotel von Walter
Gen.	Walter'in otelinin	des Hotels von Walter

Nerede kalıyorsunuz?	Wo wohnen Sie?
Walter'in otelinde.	Im Hotel von Walter.
Nereye gidiyorsunuz?	Wohin gehen Sie?
Walter'in oteline.	Zum Hotel von Walter.

Typ 2: Art oder Ort

Die Bildung einer Substantivgruppe vom Typ 2 folgt dem Schema:

1. Substantiv	**2. Substantiv**
Art- oder ortsbestimmendes Wort	Grundwort + Possessivendung -(s)i

Art

1. Substantiv	**2. Substantiv →**	**Substantivgruppe**	
film	festival	film festivali	Filmfestival
tiyatro	festival	tiyatro festivali	Theaterfestival
göz	doktor	göz doktoru	Augenarzt / Augenärztin
deri	doktor	deri doktoru	Hautarzt / Hautärztin
yaz	moda	yaz modası	Sommermode
kış	moda	kış modası	Wintermode
patates	çorba	patates çorbası	Kartoffelsuppe
balık	çorba	balık çorbası	Fischsuppe

Ort

Galata	Kule	Galata Kulesi	Galata-Turm
Pisa	Kule	Pisa Kulesi	Turm von Pisa
Assam	çay	Assam çayı	Assam-Tee
Akdeniz	balık	Akdeniz balığı	Mittelmeerfisch

Die Deklination
Die Deklination der Substantivgruppe vom Typ 2 folgt immer dem Schema:
Substantivgruppe + Bindekonsonant **n** + Fallendung

Nom.	tiyatro festivali	das Theaterfestival
Akk.	tiyatro festivali**ni**	das Theaterfestival
Dat.	tiyatro festivali**ne**	dem/zu dem Theaterfestival
Lok.	tiyatro festivali**nde**	beim Theaterfestival
Abl.	tiyatro festivali**nden**	vom Theaterfestival
Gen.	tiyatro festivali**nin**	des Theaterfestivals

Tiyatro festivali martta başlıyor.	Das Theaterfestival fängt im März an.
Galata Kulesi**ne** gidelim.	Gehen wir zum Galata-Turm.

Typ 3: Material

Das erste und zweite Substantiv erhalten hier keine Endungen.

1. Substantiv
Materialbestimmendes Wort

2. Substantiv
Grundwort

1. Substantiv	**2. Substantiv** →	**Substantivgruppe**	
keine Endung	**keine Endung**		
demir	kapı	demir kapı	Eisentür
altın	yüzük	altın yüzük	Goldring
gümüş	küpe	gümüş küpe	Silberohrring
ipek	şal	ipek şal	Seidenschal
yün	kazak	yün kazak	Wollpullover
ipek	kravat	ipek kravat	Seidenkrawatte

Die Deklination

Die Substantivgruppe vom Typ 3 wird wie eine Adjektivkonstruktion dekliniert, wobei die Deklination immer dem Schema folgt:

Substantivgruppe + Fallendung

(→ Die Adjektivkonstruktion, Seite 31 f.)

Nom.	ipek şal	der Seidenschal
Akk.	ipek şalı	den Seidenschal
Dat.	ipek şala	dem Seidenschal
Lok.	ipek şalda	in dem Seidenschal
Abl.	ipek şaldan	von dem Seidenschal
Gen.	ipek şalın	des Seidenschals

Die Verkleinerungsform

Die Verkleinerungsform der Substantive wird durch Anhängen der Endung -cik gebildet:

Substantiv + -cik

Substantiv	**+ Endung -cik**	
ev	evcik	Häuschen
fare	farecik	Mäuschen
pencere	pencerecik	Fensterchen
tencere	tencerecik	Töpfchen
oda	odacık	Zimmerchen

kita**p**	kita**p**çık	Büchlein
sepe**t**	sepe**t**çik	Körbchen

(→ Die Konsonantenharmonie, Seite 17 ff.)

Das Adjektiv

Das Adjektiv steht für die nähere Beschreibung eines Substantivs.

1. Wie bildet man eine **Adjektivkonstruktion** und wie wird sie dekliniert?
2. Wie wird ein **Adjektiv als Prädikat** und wie **als Substantiv** gebraucht?
3. Wie werden Adjektive **gesteigert** und wie bildet man **Vergleichssätze**?

Die Adjektivkonstruktion

Die Bildung der Adjektivkonstruktion

Eine Adjektivkonstruktion entsteht, wenn man einem Substantiv ein Adjektiv als Attribut voranstellt.

Adjektiv	Substantiv →	Adjektiv-konstruktion	
yeni	ev	yeni ev	das neue Haus
eski	ev	eski ev	das alte Haus
modern	ev	modern ev	das moderne Haus
doğru	yol	doğru yol	der richtige Weg
yanlış	yol	yanlış yol	der falsche Weg
ucuz	kravat	ucuz kravat	die billige Krawatte
pahalı	kravat	pahalı kravat	die teure Krawatte
güzel	şehir	güzel şehir	die schöne Stadt
çirkin	şehir	çirkin şehir	die hässliche Stadt
güzel	hava	güzel hava	das schöne Wetter
kötü	hava	kötü hava	das schlechte Wetter
büyük	kent	büyük kent	die große Stadt
küçük	kent	küçük kent	die kleine Stadt
yüksek	bina	yüksek bina	das hohe Gebäude
alçak	bina	alçak bina	das niedrige Gebäude
uzun	yol	uzun yol	der lange Weg
kısa	yol	kısa yol	der kurze Weg
sıcak	yemek	sıcak yemek	das warme Essen
soğuk	yemek	soğuk yemek	das kalte Essen

Die Deklination der Adjektivkonstruktion

Die Adjektivkonstruktion wird dekliniert. Dabei bleibt das Adjektiv unverändert. Die Fallendungen werden an das Substantiv angehängt:

Adjektivkonstruktion + Fallendung

Singular

Nom.	yeni ev	yeni bir ev	das neue Haus	ein neues Haus
Akk.	yeni evi	yeni bir evi	das neue Haus	ein neues Haus
Dat.	yeni eve	yeni bir eve	dem neuen Haus	einem neuen Haus
Lok.	yeni evde	yeni bir evde	im neuen Haus	in einem neuen Haus
Abl.	yeni evden	yeni bir evden	vom neuen Haus	von einem neuen Haus
Gen.	yeni evin	yeni bir evin	des neuen Hauses	eines neuen Hauses

Plural
Adjektivkonstruktion + Pluralendung -ler + Fallendung

Nom.	yeni oteller	die neuen Hotels / neue Hotels
Akk.	yeni otelleri	die neuen Hotels / neue Hotels
Dat.	yeni otellere	der neuen Hotels / neuer Hotels
Lok.	yeni otellerde	in den neuen Hotels / in neuen Hotels
Abl.	yeni otellerden	von den neuen Hotels / von neuen Hotels
Gen.	yeni otellerin	der neuen Hotels / neuer Hotels

Bir steht in der Regel direkt vor dem Substantiv, kann aber auch vor dem Adjektiv stehen.

Das Adjektiv als Prädikat

Mit Verben wie *imek* (sein) oder *olmak* (werden) kann man das Adjektiv als Prädikat verwenden (→ Das Verb *imek*, Seite 132 ff.).

Walter zengindi.	Walter war **reich**.
Çok yorgundum.	Ich war sehr **müde**.
Walter hasta oldu.	Walter ist **krank** geworden.

Das Adjektiv als Substantiv

Adjektive können wie ein Substantiv benutzt werden und werden dann wie Substantive dekliniert.

Nom.	güzel	das Schöne
Akk.	güzeli	das Schöne
Dat.	güzele	dem Schönen
Lok.	güzelde	bei dem Schönen
Abl.	güzelden	von dem Schönen
Gen.	güzelin	des Schönen

Gerçeğe güzele iyiye.	Dem Wahren, Schönen, Guten.

Die Steigerung des Adjektivs

Die Komparativ- und Superlativbildung

Bei der Komparativbildung wird das Adverb daha dem Adjektiv vorangestellt, bei der Superlativbildung das Adverb en.

Grundstufe:	yüksek	hoch
Komparativ:	daha yüksek	höher
Superlativ:	en yüksek	höchster/am höchsten

Mont Blanc yüksek.	Der Mont Blanc ist hoch.
Ararat daha yüksek.	Der Ararat ist höher.
Everest en yüksek.	Der Mount Everest ist am höchsten.

Es gibt keine unregelmäßigen Steigerungsformen.

iyi daha iyi en iyi	gut besser bester/am besten

çok daha çok en çok	viel mehr meist/am meisten

Der Vergleichssatz

Um eine Gleichheit auszudrücken, wird kadar + **Adjektiv** verwendet.

Patrick Walter kadar çalışkan. Gece gündüz kadar sıcak.	Patrick ist **so fleißig wie** Walter. Die Nacht ist **so warm wie** der Tag.

Eine Ungleichheit wird mit -den daha + **Adjektiv** ausgedrückt.

Patrick Walter'den daha çalışkan. Gece gündüzden daha sıcak.	Patrick ist **fleißiger als** Walter. Die Nacht ist **wärmer als** der Tag.

Oft wird daha weggelassen.

Patrick Walter'den çalışkan. Gece gündüzden sıcak.	Patrick ist **fleißiger als** Walter. Die Nacht ist **wärmer als** der Tag.

Die Zahlwörter werden im Türkischen sowohl als Adjektive als auch als Substantive verwendet.

1. Wie **schreibt** und **spricht** man die türkischen **Zahlwörter**?
2. Wie bildet man die **Ordnungszahlen**?
3. Wie werden die **Bruch- und Dezimalzahlen** sowie die **Prozentzahlen** gebildet?
4. Wie werden die **Jahreszahlen**, das **Datum** und die **Uhrzeit** angegeben?

Die Zahlen

Die Grundzahlen

Die Grundzahlen werden im Türkischen getrennt geschrieben. Die höheren Zahlen werden zuerst geschrieben und gesprochen, d.h. Tausender vor Hundertern, Zehner vor Einern bzw. von links nach rechts.

0	sıfır	10	on	20	yirmi
1	bir	11	on bir	21	yirmi bir
2	iki	12	on iki	22	yirmi iki
3	üç	13	on üç	23	yirmi üç
4	dört	14	on dört	24	yirmi dört
5	beş	15	on beş	25	yirmi beş
6	altı	16	on altı	26	yirmi altı
7	yedi	17	on yedi	27	yirmi yedi
8	sekiz	18	on sekiz	28	yirmi sekiz
9	dokuz	19	on dokuz	29	yirmi dokuz
30	otuz	70	yetmiş		
40	kırk	80	seksen		
50	elli	90	doksan		
60	altmış	100	yüz		

101	yüz bir	1000	bin
110	yüz on	1001	bin bir
111	yüz on bir	2000	iki bin
200	iki yüz	2010	iki bin on
300	üç yüz		

10 000	on bin
100 000	yüz bin
1 000 000	bir milyon
2 500 000	iki milyon beş yüz bin

Wie viele? Kaç?

Nach der Anzahl fragt man mit dem Fragewort kaç?, wobei das Substantiv im Singular steht.

Kaç kişi?	**Wie viele** Personen?
Kaç kitap?	**Wie viele** Bücher?
Kaç elma?	**Wie viele** Äpfel?

Salonda kaç kişi var? 250 (iki yüz elli) kişi.	**Wie viele** Leute sind in der Halle? 250 Personen.
Kaç dil konuşuyorsunuz? İki dil.	**Wie viele** Sprachen sprechen Sie? Zwei Sprachen.
Tişört kaç lira? Yirmi lira.	**Wie viel** kostet das T-Shirt? Zwanzig Lira.

Wie viel? Ne kadar?

Nach der Menge fragt man mit dem Fragewort ne kadar?.

Ne kadar şeker?	**Wie viel** Zucker?
Ne kadar zeytin yağı?	**Wie viel** Olivenöl?

Ne kadar şeker istiyorsunuz? Bir kilo.	**Wie viel** Zucker möchten Sie? Ein Kilo.
Günde ne kadar su içiyorsunuz? Üç litre.	**Wie viel** Wasser trinken Sie am Tag? Drei Liter.

Die Grundzahlen als Adjektive

Die Grundzahlen können mit Substantiven Adjektivkonstruktionen bilden. Dabei steht das Substantiv im Singular.

iki ev	zwei Häuser
üç ağaç	drei Bäume
yedi lira	sieben Lira
yüz elli kuruş	einhundertfünfzig Groschen

Deklination:

Nom.	iki ev	zwei Häuser
Akk.	iki evi	zwei Häuser
Dat.	iki eve	zu den zwei Häusern
Lok.	iki evde	in den zwei Häusern
Abl.	iki evden	von den zwei Häusern
Gen.	iki evin	der zwei Häuser

Tişört yedi Lira**ya**.	Das T-Shirt kostet sieben Lira.
Ekmek yüz elli kuruş**a**.	Brot kostet hundertundfünfzig Groschen.

Die Grundzahlen als Substantive

Die Grundzahlen können auch substantivisch gebraucht werden, z. B. für die Angabe der Uhrzeit (→ Die Uhrzeit, Seite 42 f.). Dann werden sie entsprechend dekliniert:

Nom.	yedi
Akk.	yediyi
Dat.	yediye
Lok.	yedide
Abl.	yediden
Gen.	yedinin

Saat yedi.	Es ist sieben Uhr.
Saat yediyi beş geçiyor.	Es ist fünf nach sieben.
Saat yediye beş var.	Es ist fünf vor sieben.
Saat yedide kalkıyorum.	Ich stehe um sieben Uhr auf.
Banka saat yediden sonra kapalı.	Die Bank ist nach fünf Uhr geschlossen.
Sekizin yarısı dört.	Die Hälfte von acht ist vier.

Die Ordnungszahlen

Die Bildung der Ordnungszahlen

Die Ordnungszahlen werden durch Anhängen der Ordnungszahlendung -inci an die Grundzahl gebildet:
Grundzahl + -inci

Grundzahlen		Ordnungszahlen	
1	bir	birinci	erster
2	iki	ikinci	zweiter
3	üç	üçüncü	dritter
4	dört	dördüncü	vierter
5	beş	beşinci	fünfter
6	altı	altıncı	sechster
7	yedi	yedinci	siebter
8	sekiz	sekizinci	achter
9	dokuz	dokuzuncu	neunter
10	on	onuncu	zehnter
11	on bir	on birinci	elfter
111	yüz on bir	yüz on birinci	hundertelfter
117	yüz on yedi	yüz on yedinci	hundertsiebzehnter

Die Form dördüncü erklärt sich durch die Konsonantenharmonie (→ Seite 19).

Bei Zahlwörtern, die auf einen Vokal enden, fällt der Anfangsvokal der Endung -inci weg.

iki + inci	→	ikinci	zweiter
altı + inci	→	altıncı	sechster

Bei zusammengesetzten Zahlen wird -inci an die letzte Zahl angehängt.

on bir + inci	→	on birinci	elfter
yüz on yedi + inci	→	yüz on yedinci	hundertsiebzehnter

Die Ordnungszahlen als Adjektive

Als Adjektive bilden die Ordnungszahlen mit Substantiven Adjektivkonstruktionen. Dabei steht das Substantiv in der Regel im Singular.

yedinci sıra	die siebte Reihe
dokuzuncu ev	das neunte Haus
dördüncü sokak	die vierte Straße
üçüncü paragraf	der dritte Paragraph

Deklination:

Nom.	birinci sıra	die erste Reihe
Akk.	birinci sırayı	die erste Reihe
Dat.	birinci sıraya	der ersten Reihe
Lok.	birinci sırada	in der ersten Reihe
Abl.	birinci sıradan	von der ersten Reihe
Gen.	birinci sıranın	der ersten Reihe

Patrick birinci sırada oturuyor.	Patrick sitzt in der ersten Reihe.
Büro ikinci katta.	Das Büro ist im zweiten Stock.
Otel dördüncü sokakta.	Das Hotel ist in der vierten Straße.

Die Ordnungszahlen als Substantive

Die Ordnungszahlen können auch als Substantive benutzt und dekliniert werden.

Deklination:

Nom.	birinci	der/die/das Erste
Akk.	birinciyi	den/die/das Erste
Dat.	birinciye	zum/zur Ersten
Lok.	birincide	beim/bei der Ersten
Abl.	birinciden	vom/von der Ersten
Gen.	birincinin	des/der Ersten

Birinci 100 Lira kazanıyor.	Der Erste gewinnt 100 Lira.
İkinciye 50 lira veriyorlar.	50 Lira zum Dritten.

Die Schreibung der Ordnungszahlen

Es gibt drei Schreibweisen:

1.	birinci	1'inci
2.	ikinci	2'nci
3.	üçüncü	3'üncü
4.	dördüncü	4'üncü
10.	onuncu	10'uncu
100.	yüzüncü	100'üncü

1. sıra	birinci sıra	1'inci sıra	1. Reihe
2. kat	ikinci kat	2. Kat	2. Stock
XXI. yüzyıl	yirmi birinci yüzyıl	XXI'inci yüzyıl	21. Jahrhundert
III. Selim	Üçüncü Selim	III'üncü Selim	Selim III.

Die Bruch- und Dezimalzahlen

Die Bildung der Bruchzahlen

Im Nenner steht die Grundzahl plus Lokativendung -de, im Zähler die Grundzahl:

$^1/_2$	ikide bir / yarım	ein Halbes
$^1/_4$	dörtte bir / çeyrek	ein Viertel
$^3/_4$	dörtte üç / üç çeyrek	drei Viertel
$^2/_3$	üçte iki	zwei Drittel
$^1/_{10}$	onda bir	ein Zehntel
$^1/_{100}$	yüzde bir	ein Hundertstel

Die Dezimalzahlen

Die Dezimalzahlen liest man so:

0,2	sıfır virgül iki	null Komma zwei
2,2	iki virgül iki	eins Komma zwei
5,15	beş virgül on beş	fünf Komma fünfzehn
5,005	beş virgül sıfır, sıfır beş	fünf Komma null, null fünf

Die Prozentzahlen

Die Prozentzahlen werden wie die Bruchzahlen gebildet:

%1	yüzde bir	1%
%5	yüzde beş	5%
%25	yüzde yirmi beş	25%
%100	yüzde yüz	100%

Banka yüzde üç (%3) faiz veriyor.	Die Bank gibt 3% Zinsen.
Nüfusun yüzde beşi işsiz.	5% der Bevölkerung ist arbeitslos.

Die Jahreszahlen und das Datum

Die Jahreszahlen

Die Jahreszahlen liest man so:

1977	bin dokuz yüz yetmiş yedi
2010	iki bin on

Die Jahreszahlen werden dekliniert:

Nom.	2009
Akk.	2009'u
Dat.	2009'a
Lok.	2009'da
Abl.	2009'dan
Gen.	2009'un

Ben 1977'de doğdum.	Ich bin 1977 geboren.
2010'da İstanbul'a gidiyorum.	2010 fahre ich nach Istanbul.

Das Datum

Die Datumsangaben liest man so:

sıfır iki, sıfır üç, iki bin on	02.03.2010

Datum, Monatsname und Wochentag können kombiniert werden:

2 mart 2010 2 mart 2010, pazar	2. März 2010 Sonntag, der 2. März 2010

Die Frage nach dem Datum lautet:

Bugün ayın kaçı?	Der Wievielte ist heute?

Die Antwort ist die entsprechende Grundzahl im Akkusativ:

Beşi.	Der Fünfte.

Die Uhrzeit

Wie viel Uhr ist es?

Nach der Uhrzeit fragt man so:

Saat kaç?	Wie viel Uhr ist es?

Die offizielle Uhrzeitangabe
Die offizielle Uhrzeitangabe erfolgt durch Nennen der Minuten nach den Stunden:

Saat kaç?		
saat 7.20	saat yedi yirmi	7 Uhr 20
saat 8	saat sekiz	8 Uhr
saat 15.30	saat on beş otuz	15 Uhr 30
saat 17.15	saat on yedi on beş	17 Uhr 15
saat 18.45	saat on sekiz kırk beş	18 Uhr 45

Das Wort *saat* wird meistens weggelassen:

Saat kaç?		
7.20	yedi yirmi	7 Uhr 20
15.40	on beş kırk	15 Uhr 40

Die umgangssprachliche Uhrzeitangabe
1. Ab einer halben Stunde bis zur nächsten vollen Stunde:
nächste volle **Stundenzahl** + -(y)e – **Minutenzahl** bis dahin + var

yediye **on** var	7'ye 10 var	zehn vor sieben
beşe **beş** var	5'i 5 var	fünf vor fünf

2. Ab einer vollen Stunde bis zur nächsten halben Stunde:
letzte volle **Stundenzahl** + -(y)i – vergangene **Minutenzahl** + geçiyor

yediyi **yirmi** geçiyor	7'yi 20 geçiyor	zwanzig nach sieben
beşi **beş** geçiyor	5'i 5 geçiyor	fünf nach fünf
dokuzu on geçiyor	9'u 10 geçiyor	zehn nach neun

yedi buçuk	halb acht (= sieben plus halb)
saat dokuz	neun Uhr
saat on iki	zwölf Uhr
saat yarım	halb eins

Um wie viel Uhr?

Nach einem Zeitpunkt fragt man so:

Saat kaçta?	Um wie viel Uhr?

oder

Ne zaman?	Wann?

Die Antwort darauf ist das Nennen der Stunden- und Minutenzahl im -de-Fall:

Tren saat kaçta geliyor?		Wann kommt der Zug an?
saat üç otuzda	saat 3.30'da	um 3 Uhr 30
saat beş on beşte	saat 5.15'te	um 5 Uhr 15
saat oniki sıfır yedide	saat 12.07'de	um 12 Uhr 7

saat ikide	saat 2'de	um 8 Uhr
saat üçte	saat 3'te	um 3 Uhr

Die umgangssprachliche Angabe des Zeitpunktes

1. Ab einer halben Stunde bis zur nächsten vollen Stunde:
nächste volle **Stundenzahl** + -(y)e – **Minutenzahl** bis dahin + kala

yediye on kala	7'ye 10 kala	um zehn vor sieben
beşe beş kala	5'e 5 kala	um fünf vor fünf
dokuza beş kala	9'a 5 kala	um fünf vor neun

2. Ab einer vollen Stunde bis zur nächsten vollen Stunde:
letzte volle **Stundenzahl** + -(y)i – **Minutenzahl** bis dahin + geçe

yediyi on geçe	7'yi on geçe	um zehn nach acht
beşi beş geçe	5'i 5 geçe	um fünf nach fünf
dokuzu yirmi geçe	9'u 20 geçe	um zwanzig nach sieben

Für volle und halbe Stunden erfolgt die Zeitpunktangabe im Lokativ:

saat **yedide**	um sieben Uhr
saat **on ikide**	um zwölf Uhr
yedi buçukta	um halb acht
saat **yedi otuzda**	um sieben Uhr dreißig
saat **yarımda**	um halb eins

Patrik ne zaman kalkıyor? 11'i 10 geçe.	Wann steht Patrick auf? Um 10 nach 11.

Otobüs ne zaman kalkıyor? 5'e 10 kala.	Wann fährt der Bus ab? Um 10 vor 5.

Die Pronomen

Die in diesem Kapitel behandelten Pronomen werden – mit Ausnahme der Personalpronomen – sowohl adjektivisch, d.h. als Begleiter eines Substantivs, als auch substantivisch, d.h. anstelle eines Substantivs, verwendet.
Das Türkische kennt keine Relativpronomen. Relativsätze werden durch Partizipien wiedergegeben (→ Seite 145 ff.).

1. Wie heißen die **Personalpronomen** und wie werden sie gebraucht?
2. Wie wird die **Sie-Form (höfliche Anrede)** im Türkischen wiedergegeben?
3. Was muss man bei **Possessivpronomen** und **Possessivendungen** beachten?
4. Wie werden **Possessivkonstruktionen** gebildet?
5. Wie heißen die **Demonstrativpronomen** und wie werden sie gebraucht?
6. Welches sind die gebräuchlichsten **Interrogativpronomen** und wie werden sie verwendet?
7. Welches sind die gebräuchlichsten **Indefinitpronomen** und wie werden sie verwendet?

Die Personalpronomen

Die Personalpronomen werden immer als Stellvertreter für Substantive benutzt.

Die Deklination der Personalpronomen

Singular

	auf die Frage	**1. Person**		**2. Person**		**3. Person**	
Nom.	kim?	ben	ich	sen	du	o	er/sie/es
Akk.	kimi?	beni	mich	seni	dich	onu	ihn/sie/es
Dat.	kime?	bana	(zu) mir	sana	(zu) dir	ona	(zu) ihm/ihr
Lok.	kimde?	bende	bei mir	sende	bei dir	onda	bei ihm/ihr
Abl.	kimden?	benden	von mir	senden	von dir	ondan	von ihm/ihr
Gen.	kimin?	benim	mein	senin	dein	onun	sein/ihr

Plural

	auf die Frage	1. Person		2. Person		3. Person	
Nom.	kim?	biz	wir	siz	ihr/Sie	onlar	sie
Akk.	kimi?	bizi	uns	sizi	euch/Sie	onları	sie
Dat.	kime?	bize	(zu) uns	size	(zu) euch/ Ihnen	onlara	(zu) ihnen
Lok.	kimde?	bizde	bei uns	sizde	bei euch/ Ihnen	onlarda	bei ihnen
Abl.	kimden?	bizden	von uns	sizden	von euch/ Ihnen	onlardan	von ihnen
Gen.	kimin?	bizim	unser	sizin	euer/Ihr	onların	ihr

Die Genitivformen der Personalpronomen sind zugleich Possessivpronomen. Mehr zu den Possessivpronomen → Seite 48 ff.

Die höfliche Anrede: siz, Bey, Hanım

Das Personalpronomen siz (2. Person Plural) wird zugleich für die höfliche Anrede benutzt.

Siz kimsiniz? Size yardım edebilir miyim?	Wer sind **Sie**? Kann ich **Ihnen** helfen?

Bey (Herr) und Hanım (Frau) stehen im Türkischen nach den Vornamen und sind sehr gebräuchlich. Sie werden großgeschrieben.

Patrick Bey, siz ne zaman geldiniz? Barbara Hanım, siz nerelisiniz?	(**Herr**) Patrick, wann sind **Sie** gekommen? (**Frau**) Barbara, woher kommen **Sie**?

Der Gebrauch der Personalpronomen

Als Subjekt stehen Personalpronomen im Nominativ in der Regel am Anfang eines Satzes. Sie werden nur dann verwendet, wenn sie besonders betont werden sollen, da die Personalendung des Verbs bereits deutlich macht, um welche Person es sich handelt.

In der 3. Person Singular gibt es – im Gegensatz zum Deutschen – keine Unterscheidung zwischen männlich, weiblich und sächlich. Ein Verb in der 3. Person Singular hat auch keine Personalendung.

Beispiele für den Nominativ:

Ben Frankfurt'ta oturuyorum.	**Ich** wohne in Frankfurt.
Sen nerede oturuyorsun?	Wo wohnst **du**?
O Berlin'e gidiyor.	**Er/Sie** fährt nach Berlin.
Biz burada kalıyoruz.	**Wir** bleiben hier.
Siz ne zaman geldiniz?	Wann seid **ihr**/sind **Sie** angekommen?
Onlar Türkiye'ye gittiler.	**Sie** sind in die Türkei gefahren.

Beispiele für den i-Fall (Akkusativ):

Beni bekle!	Warte auf **mich**!
Seni seviyorum.	Ich liebe **dich**.
Onu dün gördüm.	Ich habe **ihn/sie/es** gestern gesehen.
Bizi bekliyorlar.	Sie warten **auf uns**.
Sizi burada bekliyoruz.	Wir warten hier **auf euch/Sie**.
Onları görmedim.	Ich habe **sie** nicht gesehen.

Beispiele für den e-Fall (Dativ):

Çantayı bana ver, lütfen!	Gib **mir** die Tasche, bitte!
Sana ne dedi?	Was hat er/sie **dir** gesagt?
Kitabı ona verdim.	Ich habe **ihm/ihr** das Buch gegeben.
Yarın bize gelin!	Kommt morgen **zu uns**!
Kim size yardım etti?	Wer hat **euch/Ihnen** geholfen?
Onlara söyle, gelsinler!	Sag **ihnen**, sie sollen kommen!

Beispiele für den de-Fall (Lokativ):

Bügün bende kal!	Bleib heute **bei mir**!
Anahtar sende mi?	Ist der Schlüssel **bei dir**?
Kitaplar onda.	Die Bücher sind **bei ihm/ihr**.
Bizde hava çok güzel.	**Bei uns** ist das Wetter sehr schön.
Sizde kim kalıyor?	Wer wohnt **bei euch/Ihnen**?
Dün onlarda yedik.	Gestern haben wir **bei ihnen** gegessen.

Beispiele für den den-Fall (Ablativ):

Bu roman benden.	Dieser Roman ist **von mir**.
Bu resim senden mi?	Ist dieses Bild **von dir**?
Hayır ondan.	Nein, **von ihm/ihr**.
Bizden para almadılar.	**Von uns** haben sie kein Geld verlangt.
Bu paket sizden mi?	Ist das Paket **von euch/Ihnen**?
Bavullar onlardan mı?	Sind die Koffer **von ihnen**?

Beispiele für den in-Fall (Genitiv):

Benim evim merkezde.	**Mein** Haus ist im Zentrum.
Senin evin nerede?	Wo ist **dein** Haus?
Onun arabası yeni.	**Sein/Ihr** Wagen ist neu.
Bizim otelimiz eski.	**Unser** Hotel ist alt.
Sizin eviniz bu mu?	Ist das **euer/Ihr** Haus?
Onların otelleri modern.	**Ihr** Hotel ist modern.

Die Possessivpronomen und Possessivendungen

Die Possessivpronomen sind identisch mit den Genitivformen der Personalpronomen.

Person	**Singular**		**Plural**	
1. Person	benim	mein	bizim	unser
2. Person	senin	dein	sizin	euer/Ihr
3. Person	onun	sein/ihr	onların	ihr

Die adjektivische Verwendung

Die Bildung der Possessivkonstruktionen

Possessivpronomen bilden mit Substantiven Possessivkonstruktionen wie die Genitivkonstruktion vom Typ I (→ Das Substantiv, Seite 26 f.). Sie stehen als Begleiter unverändert vor dem Substantiv, auf das sie sich beziehen, wobei das Substantiv je nach Person unterschiedliche Possessivendungen erhält, die dekliniert werden.

Possessivkonstruktion:
Possessivpronomen + Bezugswort + Possessivendung

Übersicht über die Nominativformen:

Possessiv-pronomen	Possessiv-endungen	Bezugswort + Possessivendung	
benim	-im	evim	mein Haus
senin	-in	evin	dein Haus
onun	-(s)i	evi	sein/ihr Haus
bizim	-imiz	evimiz	unser Haus
sizin	-iniz	eviniz	euer/Ihr Haus
onların	-leri	evleri	ihr Haus

Vorsicht: Endet das Substantiv auf einen Vokal wie bei anne (Mutter), fällt der Anfangsvokal i der Possessivendungen bei der 1. und 2. Person Singular und Plural weg.

Singular

1. Person	benim annem	meine Mutter
2. Person	senin annen	deine Mutter
3. Person	onun annesi	seine/ihre Mutter

Plural

1. Person	bizim annemiz	unsere Mutter
2. Person	sizin anneniz	eure/Ihre Mutter
3. Person	onların anneleri	ihre Mutter

Das Wort su (Wasser) bildet eine Ausnahme:

benim suyum	mein Wasser
senin suyun	dein Wasser
onun suyu	sein/ihr Wasser
bizim suyumuz	unser Wasser
sizin suyunuz	euer/Ihr Wasser
onların suları	ihr Wasser

Der Gebrauch der Possessivkonstruktionen

Die Possessivpronomen werden nur dann gebraucht, wenn sie hervorgehoben werden sollen, da die Possessivendungen deutlich machen, um welche Person es sich handelt.

benim evim = evim	mein Haus
senin evin = evin	dein Haus
onun evi = evi	sein/ihr Haus

Adım Patrick. Senin adın ne?	Mein Name ist Patrick. Wie ist dein Name?
Evim güzel, ama sizin eviniz gerçekten harika.	Mein Haus ist schön, aber Ihr Haus ist wirklich wunderbar.

Die Deklination der Possessivkonstruktionen

Vorsicht: In der 3. Person Singular und Plural steht vor den Fallendungen immer der Bindekonsonant n.

	Singular			**Plural**		
	1. Person (benim)	2. Person (senin)	3. Person (onun)	1. Person (bizim)	2. Person (sizin)	3. Person (onların)
Nom.	evim	evin	evi	evimiz	eviniz	evleri
Akk.	evimi	evini	evini	evimizi	evinizi	evlerini
Dat.	evime	evine	evine	evimize	evinize	evlerine
Lok.	evimde	evinde	evinde	evimizde	evinizde	evlerinde
Abl.	evimden	evinden	evinden	evimizden	evinizden	evlerinden
Gen.	evimin	evinin	evinin	evimizin	evinizin	evlerinin

(Benim) annem Berlinde oturuyor.	**Meine Mutter** wohnt in Berlin.
(Benim) annem**de** kalıyorum.	Ich wohne **bei meiner Mutter**.
(Onun) annesi**ni** ziyaret ettim.	Ich habe **seine Mutter** besucht.
(Onun) annesi**ne** yardım ediyorum.	Ich helfe **ihrer Mutter**.
(Onların) anneleri**nden** bir mektup aldım.	Ich habe **von ihrer Mutter** einen Brief erhalten.
(Benim) anne**min** arabası yeni.	Der Wagen **meiner Mutter** ist neu.

Die substantivische Verwendung

Die Possessivpronomen mit der Zugehörigkeitsendung -ki

Possessivpronomen können die Zugehörigkeitsendung -ki erhalten und werden dann substantivisch gebraucht. Die Endung -ki unterliegt nicht der Vokalharmonie, daher wird sie unverändert an das Possessivpronomen angehängt.

benimki	meiner, meine, mein(e)s	bizimki	unserer, unsere, unser(e)s
seninki	deiner, deine, dein(e)s	sizinki	eurer, eure, eur(e)s / Ihrer, Ihre, Ihr(e)s
onunki	seiner, seine, sein(e)s / ihrer, ihre, ihr(e)s	onlarınki	ihrer, ihre, ihr(e)s

Bu senin çantan mı?	Ist das deine Tasche?
Evet bu benimki.	Ja, das ist **meine**.
Bu onun arabası mı?	Ist das sein/ihr Wagen?
Evet, onunki.	Ja, das ist **seiner/ihrer**.
Bu sizin eviniz mi?	Ist das euer Haus?
Evet, bizimki.	Ja, das ist **unser(e)s**.

Die Possessivpronomen mit -ki werden folgendermaßen dekliniert (Vorsicht: Im Singular steht vor den Fallendungen der Bindekonsonant n):

	1. Person Singular (benim)		**2. Person Singular (senin)**	
	Singular	Plural	Singular	Plural
Nom.	benimki	benimkiler	seninki	seninkiler
Akk.	benimkini	benimkileri	seninkini	seninkileri
Dat.	benimkine	benimkilere	seninkine	seninkilere
Lok.	benimkinde	benimkilerde	seninkinde	seninkilerde
Abl.	benimkinden	benimkilerden	seninkinden	seninkilerden
Gen.	benimkinin	benimkilerin	seninkinin	seninkilerin

	3. Person Singular (onun)		**1. Person Plural (bizim)**	
	Singular	Plural	Singular	Plural
Nom.	onunki	onunkiler	bizimki	bizimkiler
Akk.	onunkini	onunkileri	bizimkini	bizimkileri
Dat.	onunkine	onunkilere	bizimkine	bizimkilere
Lok.	onunkinde	onunkilerde	bizimkinde	bizimkilerde
Abl.	onunkinden	onunkilerden	bizimkinden	bizimkilerden
Gen.	onunkinin	onunkilerin	bizimkinin	bizimkilerin

	2. Person Plural (sizin)		3. Person Plural (onların)	
	Singular	Plural	Singular	Plural
Nom.	sizinki	sizinkiler	onlarınki	onlarınkiler
Akk.	sizinkini	sizinkileri	onlarınkini	onlarınkileri
Dat.	sizinkine	sizinkilere	onlarınkine	onlarınkilere
Lok.	sizinkinde	sizinkilerde	onlarınkinde	onlarınkilerde
Abl.	sizinkinden	sizinkilerden	onlarınkinden	onlarınkilerden
Gen.	sizinkinin	sizinkilerin	onlarınkinin	onlarınkilerin

Bu senin pasaportun.	Das ist dein Pass.
Benimki nerede acaba?	Wo ist wohl **meiner**?
Benim arabam bozuk.	Mein Auto ist kaputt.
Seninkini alabilir miyim?	Kann ich **dein(e)s** nehmen?

Die Demonstrativpronomen

Die Demonstrativpronomen lauten:

bu	dieser, diese, dieses / der, die, das hier
şu	dieser, diese, dieses / der, die, das da
o	jener, jene, jenes / der, die, das dort

Die adjektivische Verwendung

Als Begleiter stehen sie unverändert vor dem Substantiv, auf das sie sich beziehen.

bu çocuk	dieses Kind hier
şu kadın	diese Frau da
o adam	dieser Mann dort

Bu adam benim babam.	**Dieser** Mann ist mein Vater.
Şu adamı dün tiyatroda gördüm.	Ich habe **diesen** Mann **da** gestern im Theater gesehen.
Kitabı o kadına verin lütfen!	Bitte geben Sie das Buch **der** Frau **dort**.

Die substantivische Verwendung

In substantivischer Verwendung stehen die Demonstrativpronomen allein und werden dekliniert. Vor der Fall- oder Pluralendung steht immer der Bindekonsonant n.

Singular

Nom.	bu	şu	o
Akk.	bunu	şunu	onu
Dat.	buna	şuna	ona
Lok.	bunda	şunda	onda
Abl.	bundan	şundan	ondan
Gen	bunun	şunun	onun

Plural

Nom.	bunlar	şunlar	onlar
Akk.	bunları	şunları	onları
Dat.	bunlara	şunlara	onlara
Lok.	bunlarda	şunlarda	onlarda
Abl.	bunlardan	şunlardan	onlardan
Gen	bunların	şunların	onların

Bu çok değerli.	**Dieser hier** ist sehr wertvoll.
Şu değersiz.	**Dieser da** ist wertlos.
Bunu almak istiyorum.	**Diesen hier** möchte ich kaufen.
Şunlar çok pahalı.	**Diese da** sind sehr teuer.
Bunlardan iki tane istiyorum.	**Von diesen** möchte ich zwei Stück.
Onlar iyi.	**Diese** dort sind gut.

Das Pronomen *kendi* und die Reflexivpronomen

Die adjektivische Verwendung

Bei der adjektivischen Verwendung steht kendi unverändert vor dem Substantiv, das je nach Person unterschiedliche Possessivendungen erhält, und bedeutet dann „eigener/-e/-es“.

kendi kitabım	mein eigenes Buch
kendi kitabın	dein eigenes Buch
kendi kitabı	sein/ihr eigenes Buch
kendi kitabımız	unser eigenes Buch
kendi kitabınız	euer/Ihr eigenes Buch
kendi kitapları	ihr eigenes Buch

Bu kendi kitabınız mı?	Ist das hier Ihr **eigenes** Buch?
Evet, kendi kitabım.	Ja, das ist mein **eigenes** Buch.
Kendi arabası bozuk.	Sein **eigenes** Auto ist kaputt.
Kendi evimde oturuyorum.	Ich wohne in meinem **eigenen** Haus.
Kendi evimi kendim yaptım.	Ich habe mein (**eigenes**) Haus selbst gebaut.

Die substantivische Verwendung: Reflexivpronomen

Reflexivpronomen werden im Türkischen durch Anhängen der Possessivendungen an das Pronomen kendi gebildet.

Reflexivpronomen: kendi + Possessivendungen

(ben)	kendim	ich selbst
(sen)	kendin	du selbst
(o)	kendisi	er/sie/es selbst
(biz)	kendimiz	wir selbst
(siz)	kendiniz	ihr/Sie selbst
(onlar)	kendileri	sie selbst

(Ben) kendim bir mektup yazdım.	**Ich** habe **selbst** einen Brief geschrieben.
(Sen) kendin söyledin.	**Du** hast es **selbst** gesagt.
(O) kendisi gelsin!	**Er/Sie** soll **selbst** kommen!

Deklination

Alle Reflexivpronomen werden dekliniert.

Singular

	(ben)		(sen)		(o)	
Nom.	kendim	ich selbst	kendin	du selbst	kendisi	er/sie/es selbst
Akk.	kendimi	mich selbst	kendini	dich selbst	kendisini	sich selbst
Dat.	kendime	(zu) mir selbst	kendine	(zu) dir selbst	kendisine	(zu) sich selbst
Lok.	kendimde	bei mir selbst	kendinde	bei dir selbst	kendisinde	bei sich selbst
Abl.	kendimden	von mir selbst	kendinden	von dir selbst	kendisinden	von sich selbst
Gen.	kendimin	von mir selbst	kendinin	von dir selbst	kendisinin	von ihm/ihr selbst

Plural

	(biz)		(siz)		(onlar)	
Nom.	kendimiz	wir selbst	kendiniz	ihr/Sie selbst	kendileri	sie selbst
Akk.	kendimizi	uns selbst	kendinizi	euch/Sie selbst	kendilerini	sich selbst
Dat.	kendimize	(zu) uns selbst	kendinize	(zu) euch/Ihnen selbst	kendilerine	(zu) sich selbst
Lok.	kendimizde	bei uns selbst	kendinizde	bei euch/Ihnen selbst	kendilerinde	bei sich selbst
Abl.	kendimizden	von uns selbst	kendinizden	von euch/Ihnen selbst	kendilerinden	von sich selbst
Gen.	kendimizin	von uns selbst	kendinizin	von euch/Ihnen selbst	kendilerinin	von ihnen selbst

Kendim**i** iyi hissetmiyorum.	Ich fühle **mich** nicht wohl.
Kendin**i** nasıl hissediyorsun?	Wie fühlst du **dich**?
Kendisi**ne** yeni bir araba aldı.	Er hat **sich** ein neues Auto gekauft.
Kendin**e** gel!	Nun nimm doch Vernunft an!
Kendiniz**e** gelin!	Nun nehmen Sie doch Vernunft an!
Kendin**i** bil!	Erkenne **dich selbst**!

Die Interrogativpronomen (Fragepronomen)

Kim? Wer?

Das Fragepronomen kim fragt nach Personen.

Deklination

	Singular		**Plural**	
Nom.	kim?	wer?	kimler?	wer (alles)?
Akk.	kimi?	wen?	kimleri?	wen (alles)?
Dat.	kime?	(zu) wem?	kimlere?	(zu) wem (alles)?
Lok.	kimde?	bei wem?	kimlerde?	bei wem (alles)?
Abl.	kimden?	von wem?	kimlerden?	von wem (alles)?
Gen.	kimin?	wessen?	kimlerin?	wessen?

Bunu sana kim söyledi?	**Wer** hat dir das gesagt?
Kim**i** arıyorsunuz?	**Wen** rufen Sie an?
Kitabı kim**e** verdin?	**Wem** hast du das Buch gegeben?
Biletler kim**de**?	**Bei wem** sind die Tickets?
Bunu kim**den** duydun?	**Von wem** hast du das gehört?
Bu kim**in** çantası?	**Wessen** Tasche ist das?
Partiye kim**ler** geldi?	**Wer (alles)** ist zur Party gekommen?
Kim**leri** davet ettiniz?	**Wen (alles)** haben Sie eingeladen?

Ne? Was?

Das Fragepronomen ne fragt nach Sachen.

Deklination

	Singular		Plural	
Nom.	ne?	was (genau)?	neler?	was (alles)?
Akk.	neyi?	was (genau)?	neleri	was (alles)?
Dat.	neye?	zu was?/ wozu?	nelere	zu was?/ wozu (alles)?
Lok.	nede?	wobei?/ worauf?/ worin?	nelerde	wobei?/worauf?/ worin (alles)?
Abl.	neden?	woraus?	nelerden	woraus (alles)?
Gen.	neyin?	von was?	nelerin	von was (alles)?

Bu ne?	**Was** ist das?
Ona ne verdin?	**Was** hast du ihm gegeben?
Sana ne?	**Was** geht dich das an?
Neyi kaybettin?	**Was** hast du verloren?
Neyin var?	**Was** hast du denn?
Neler aldın?	**Was** hast du **alles** gekauft?
Nelerde C vitamini vardır?	**Worin** ist Vitamin C enthalten?

Hangi? Welcher/-e/-es?

Das Fragepronomen hangi fragt nach Personen und Sachen. Es wird sowohl adjektivisch als auch substantivisch gebraucht.

Adjektivische Verwendung
In adjektivischer Verwendung steht hangi unverändert vor dem Bezugswort.

Hangi çocuk hasta?	**Welches** Kind ist krank?
Hangi tablo hoşunuza gitti?	**Welches** Gemälde hat Ihnen gefallen?
Bugün sinemada hangi filim oynuyor?	**Welcher** Film läuft heute im Kino?
Dün hangi tiyatroya gittiniz?	**In welches** Theater sind Sie gestern gegangen?

Substantivische Verwendung: Hangisi?

In substantivischer Verwendung erhält hangi die Possessivendung -(s)i und fragt nach der Auswahl zwischen zwei oder mehreren Personen oder Sachen: hangisi? (welcher/-e/-es von ihnen?).

Deklination

hangisi + Bindekonsonant **n** + Fallendung

Nom.	hangisi?	welcher/-e/-es (von ihnen)?
Akk.	hangisi**ni**?	welchen/-e/-es (von ihnen)?
Dat.	hangisi**ne**?	welchem/-er (von ihnen)?
Lok.	hangisi**n**de?	bei welchem/-er (von ihnen)?
Abl.	hangisi**n**den?	von welchem/-er (von ihnen)?
Gen.	hangisi**n**in?	von welchem/-er (von ihnen)?

Hangisi senin araban?	**Welcher** ist dein Wagen?
En büyük kent hangisi?	**Welches** ist die größte Stadt?
Hangisi hoşuna gidiyor?	**Welches** gefällt dir?
Hangisi**ni** istiyorsunuz?	**Welches** möchten Sie?
Kitabı hangisi**ne** vereyim?	**Welchem (von ihnen)** soll ich das Buch geben?
Hangileri daha güzel?	**Welche** sind schöner?

Überblick über die gebräuchlichsten Fragepronomen

Tatilde nereye gidiyorsunuz? Türkiye'ye.	**Wohin** fahren Sie in Urlaub? In die Türkei.
Nerede sörf yapıyorsunuz? Bodrum'da.	**Wo** surfen Sie? In Bodrum.
Tren nereden geliyor?. Ankara'dan	**Woher** kommt der Zug? Aus Ankara.
Ne zaman tatil yapıyorsunuz? Haziranda.	**Wann** machen Sie Urlaub? Im Juni.
Yolculuk ne kadar sürüyor? Üç saat.	**Wie lange** dauert die Fahrt? Drei Stunden.
Kilim ne kadar? Yüz elli lira.	**Wie viel** kostet der Kelim? 150 Lira.
Ne kadar şeker gerekli? Yarım kilo.	**Wie viel** Zucker ist nötig? Ein halbes Kilo.
Anneniz nasıl? İyi.	**Wie** geht es Ihrer Mutter? Es geht ihr gut.

Nasıl bir oda istiyorsunuz? Büyük balkonlu bir oda.	**Was für ein** Zimmer möchten Sie? Ein Zimmer mit einem großen Balkon.
Kaç tane istiyorsunuz? Beş tane lütfen.	**Wie viel** Stück möchten Sie? Fünf Stück, bitte.
Salonda kaç kişi vardı? Aşağı yukarı yüz kişi.	**Wie viele** Personen gab es im Saal? Ungefähr 100 Personen.
Bu kaça? On lira.	**Was** kostet das? 10 Lira.
Bunlar kaça? Tanesi on bir lira.	**Was** kosten die hier? Das Stück 11 Lira.
Yarışta kaçıncı oldun? Beşinci.	**Am Wievielten** warst du beim Wettlauf? Am fünften.

Die Indefinitpronomen

Die Indefinitpronomen bezeichnen nicht näher bestimmte Personen, Sachen oder Mengen. Man unterscheidet adjektivische und substantivische Indefinitpronomen.

Viele substantivische Indefinitpronomen werden im Türkischen durch Anhängen der Possessivendung -(s)i an Adjektive oder Pronomen gebildet.

başka	anderer/e/-es	→	başkası	anderer/e/-es
bazı	manch ein/-e	→	bazısı	manch einer/-e/-(e)s
bir	eins	→	biri	jemand
kim	wer	→	kimi	mancher

Überblick über die gebräuchlichsten Indefinitpronomen

Alle adjektivisch gebrauchten Indefinitpronomen sind unveränderlich, alle substantivisch gebrauchten werden wie Substantive dekliniert.

biri **einer, irgendwer, irgendjemand**
hiçbiri **keiner, niemand**
Biri und hiçbiri werden substantivisch gebraucht.

Biri seninle konuşmak istiyor. Polis birini arıyor.	**Jemand** will mit dir sprechen. Der Polizist sucht **jemanden**.

Deklination

biri bzw. hiçbiri + Bindekonsonant **n** + Fallendung

Nom.	biri	hiçbiri
Akk.	biri**ni**	hiçbiri**ni**
Dat.	biri**ne**	hiçbiri**ne**
Lok.	biri**n**de	hiçbiri**n**de
Abl.	biri**n**den	hiçbiri**n**den
Gen.	biri**n**in	hiçbiri**n**in

Biri wird mit hiç verneint, hiçbiri wird nur in verneinten Sätzen gebraucht.
Vorsicht: Im Türkischen gibt es im Gegensatz zum Deutschen die doppelte Verneinung.

Misafirler geldi mi?	Sind die Gäste schon gekommen?
Hiçbiri gelmedi.	**Keiner** ist gekommen.
Hiçbiri**ni** görmedim.	Ich habe **niemanden** gesehen.

kimse **jemand**
hiç kimse **niemand**

Kimse und hiç kimse werden substantivisch gebraucht.
Hiç kimse wird nur in verneinten Sätzen verwendet.

Kimse geldi mi?	Ist **jemand** gekommen?
Hiç kimse gelmedi.	**Niemand** ist gekommen.

Deklination

Nom.	kimse	hiç kimse
Akk.	kimseyi	hiç kimseyi
Dat.	kimseye	hiç kimseye
Lok.	kimsede	hiç kimsede
Abl.	kimseden	hiç kimseden
Gen.	kimse**n**in	hiç kimse**n**in

kimi **mancher/-e/-es, einige**

Kimi wird sowohl adjektivisch als auch substantivisch gebraucht.

Kimi insanlar denizi seviyor, kimileri dağları seviyor.	**Manche** Menschen lieben das Meer, **manche** lieben die Berge.

Deklination

Nom.	kimi	kimileri
Akk.	kimi**ni**	kimileri**ni**
Dat.	kimi**ne**	kimileri**ne**
Lok.	kimi**nde**	kimileri**nde**
Abl.	kimi**nden**	kimileri**nden**
Gen.	kimi**nin**	kimileri**nin**

bazı **mancher/-e/-es**
bazısı **mancher/-e/-es**

Bazı wird adjektivisch, bazısı substantivisch gebraucht.

Bazı insanlar yazi sever, bazıları kışı.	**Manche** Menschen mögen den Sommer, **manche** den Winter.

Deklination

	Singular	**Plural**
Nom.	bazısı	bazıları
Akk.	bazısı**nı**	bazıları**nı**
Dat.	bazısı**na**	bazıları**na**
Lok.	bazısı**nda**	bazıları**nda**
Abl.	bazısı**ndan**	bazıları**ndan**
Gen.	bazısı**nın**	bazıları**nın**

öteki **der/die/das andere (von zweien)**

Öteki wird sowohl adjektivisch als auch substantivisch gebraucht.

Öteki oda bundan büyük.	Das **andere** Zimmer ist größer als dieses.
Bu hoşuma gitmedi. Öteki**ni** almak istiyorum.	Dieses hier hat mir nicht gefallen. Ich möchte **das andere** kaufen.

Deklination

	Singular	Plural
Nom.	öteki	ötekileri
Akk.	ötekini	ötekilerini
Dat.	ötekine	ötekilerine
Lok.	ötekinde	ötekilerinde
Abl.	ötekinden	ötekilerinden
Gen.	ötekinin	ötekilerinin

başka **anderer/-e/es**
başkası **anderer/-e/es**
Başka wird adjektivisch, başkası substantivisch gebraucht.

Başka ülkeler başka töreler.	**Andere** Länder, **andere** Sitten.
Bu hoşuma gitmedi.	Das hat mir nicht gut gefallen.
Başkası yok mu?	Gibt es kein **anderes**?

Deklination

	Singular	Plural
Nom.	başkası	başkaları
Akk.	başkasını	başkalarını
Dat.	başkasına	başkalarına
Lok.	başkasında	başkalarında
Abl.	başkasından	başkalarından
Gen.	başkasının	başkalarının

birkaç **einige**
birkaçı **einige**
Birkaç wird adjektivisch, birkaçı substantivisch gebraucht. Beide Indefinitpronomen werden nur im Plural verwendet.

Birkaç politikacı anayasayı değiştirmek istiyor.	**Einige** Politiker wollen das Grundgesetz ändern.
Birkaçı buna karşı çıkıyor.	**Einige** widersprechen dem.

Deklination

Nom.	birkaçı
Akk.	bırkaçını
Dat.	birkaçına
Lok.	birkaçında
Abl.	birkaçından
Gen.	birkaçının

birçok **viele**
birçoğu **viele**

Birçok wird adjektivisch, birçoğu substantivisch gebraucht. Beide Indefinitpronomen werden nur im Plural verwendet.

Birçok arkadaş partiye gelmedi.	**Viele** Freunde sind nicht zur Party gekommen.
Birçoğu diskoya gitti.	**Viele** sind in die Disko gegangen.

Deklination

Nom.	birçoğu
Akk.	birçoğunu
Dat.	birçoğuna
Lok.	birçoğunda
Abl.	birçoğundan
Gen.	birçoğunun

hepsi **alles**

Hepsi wird substantivisch gebraucht.

Hepsi ne kadar?.	Was kostet **alles**?
Hepsini almak istiyorum.	Ich möchte **alles** kaufen.

Deklination

Nom.	hepsi
Akk.	hepsini
Dat.	hepsine
Lok.	hepsinde
Abl.	hepsinden
Gen.	hepsinin

her **jeder/-e/-es**
herkes **jeder/-e/-es**

Her wird adjektivisch, herkes substantivisch gebraucht.

Her evde bir bilgisayar var.	In **jedem** Haushalt gibt es einen Computer.
Herkese sordum, ama hiç kimse bilmiyor.	Ich habe **jeden** gefragt, aber niemand weiß es.

Deklination

Nom.	herkes
Akk.	herkesi
Dat.	herkese
Lok.	herkeste
Abl.	herkesten
Gen.	herkesin

bir şey **etwas**
hiç bir şey **nichts**

Beide Pronomen werden substantivisch gebraucht. Hiç bir şey wird in verneinten Sätzen verwendet.

Bir şey içmek ister misiniz? Teşekkür ederim, hiç bir şey istemem.	Möchten Sie **etwas** trinken? Danke, ich möchte **nichts**.

Deklination

Nom.	bir şey	hiç bir şey
Akk.	bir şeyi	hiç bir şeyi
Dat.	bir şeye	hiç bir şeye
Lok.	bir şeyde	hiç bir şeyde
Abl.	bir şeyden	hiç bir şeyden
Gen.	bir şeyin	hiç bir şeyin

her şey **alles**

Her şey wird substantivisch gebraucht.

Her şey tamam mı?	Ist **alles** in Ordnung?
Her şey**i** bilmek istiyorum.	Ich will **alles** wissen.

Deklination

Nom.	her şey
Akk.	her şeyi
Dat.	her şeye
Lok.	her şeyde
Abl.	her şeyden
Gen.	her şeyin

Das Adverb

Adverbien dienen der näheren Bestimmung eines Verbs, eines Adjektivs, eines anderen Adverbs oder eines ganzen Satzes.

1. Wie werden **Adjektive als Adverbien** benutzt?
2. Wie werden **Ortsadverbien** im Türkischen wiedergegeben?
3. Welche sind die wichtigsten **Zeitadverbien, Adverbien der Art und Weise** und **Adverbien der Menge und Intensität** und wie werden sie gebraucht?
4. Was lässt sich über **die Stellung der Adverbien im Satz** sagen?

Adjektive als Adverbien

Viele Adjektive können unverändert auch als Adverbien verwendet werden – auch in der Komparativ- und Superlativform (→ Die Steigerung des Adjektivs, Seite 33 f.).

geç kalmak	**zu spät** kommen
içeriye girmek	**hinein**gehen
yalnız yaşamak	**allein** leben
iyi / kötü kokmak	**gut** / **schlecht** riechen
çok kazanmak	**viel** verdienen

hızlı yürümek	**schnell** gehen
daha hızlı yürümek	**schneller** gehen
en hızlı yürümek	**am schnellsten** gehen

çok güzel	**sehr** schön
pek çirkin	**sehr** hässlich
koyu / açık mavi	**dunkel**- / **hell**blau
az tuzlu	**wenig** salzig

Ortsadverbien

Ortsadverbien antworten auf die Fragen nerede? (wo?), nereye? (wohin?) oder nereden? (woher?). Die Antwort auf diese Fragen sind im Deutschen Ortsadverbien. Im Türkischen werden Ortsadverbien meist durch Lokativ-, Dativ- und Ablativformen der Substantive, die Ort, Raum und Richtung bezeichnen, wiedergegeben.

	nerede?	**wo?**	**nereye?**	**wohin?**	**nereden?**	**woher?**
bura der Ort hier	bura**da**	hier	bura**ya**	hierher	bura**dan**	von hier
şura der Ort da drüben	şura**da**	da	şura**ya**	dahin	şura**dan**	von da
ora der Ort dort hinten	ora**da**	dort	ora**ya**	dorthin	ora**dan**	von dort
içeri das Innere	içeri**de**	drinnen	içeri**ye**	hinein	içeri**den**	von drinnen
dışarı das Äußere	dışarı**da**	draußen	dışarı**ya**	hinaus	dışarı**dan**	von draußen
yukarı das Obere	yukarı**da**	oben	yukarı**ya**	hinauf	yukarı**dan**	von oben herunter
aşağı das Untere	aşağı**da**	unten	aşağı**ya**	hinunter	aşağı**dan**	von unten
ön Vorderseite	ön**de**	vorn	ön**e**	nach vorn	ön**den**	von vorn
arka Hinterseite	arka**da**	hinten	arka**ya**	nach hinten	arka**dan**	von hinten
sağ rechte Seite	sağ**da**	rechts	sağ**a**	nach rechts	sağ**dan**	von rechts
sol linke Seite	sol**da**	links	sol**a**	nach links	sol**dan**	von links
her yer jeder Ort	her yer**de**	überall hin	her yer**e**	überall-	her yer**den**	von überallher
bir yer irgendein Ort	bir yer**de**	Irgend-wo	bir yer**e**	irgend-wohin	bir yer**den**	von irgend-woher
hiçbir yer kein Ort	hiçbir yer**de**	nirgend-wo	hiçbir yer**e**	nirgend-wohin	hiçbir yer**den**	von nirgend-woher

Nerede?	Wo?
Anahtar burada.	Der Schlüssel liegt **hier**.
Orada oturuyorum.	Ich wohne **dort**.
Müze şurada	**Da** ist das Museum.
Dışarıda yağmur yağıyor.	**Draußen** regnet es.
Burada içerde çok hoş bir hava var.	**Hier drinnen** ist es sehr angenehm.
O yukarıda 1. katta.	Er ist **oben** im 1. Stock.
Biz aşağıda zemin kattayız.	Wir sind **unten** im Parterre.
Seni her yerde aradım.	Ich habe dich **überall** gesucht.
Müze yakında bir yerde olmalı.	**Irgendwo** in der Nähe muss das Museum sein.
Onu hiçbir yerde görmedim.	Ich habe sie **nirgendwo** gesehen.

Nereye?	Wohin?
Buraya oturun lütfen!	Bitte setzen Sie sich **hierher**!
Orada deniz temiz.	**Dort** ist das Meer sauber.
Oraya gidelim!	Gehen wir **dorthin**!
Dışarda hava güzel.	**Draußen** ist es schön.
Dışarıya çıkalım.	Gehen wir **hinaus**!
Lütfen İçeriye gelin!	Bitte kommen Sie **herein**!
Asansör aşağıya geliyor.	Der Aufzug kommt **nach unten**.
100 metre sonar sola dönün.	Nach 100 Metern fahren Sie **nach links**.
Şoför önce öne baktı, sonra arkaya.	Der Fahrer blickte zuerst **nach vorn**, dann **nach hinten**.
Her yere gitmek istiyorum.	Ich möchte **überall** hingehen.
Hiç bir yere gitmek istemiyorum.	Ich möchte **nirgendwohin** gehen.

Nereden?	Woher?
İçeriden bize gürültü geliyor.	**Von drinnen** dringt Lärm zu uns.
O dışarıdan geliyor	Er kommt **von draußen**.
O yukarıdan aşağıya iniyor.	Sie kommt **von oben nach unten**.
Gürültü sağdan geliyor.	Das Geräusch kommt **von rechts**.
Insanlar arkadan akın ediyor.	Die Menschen strömen **von hinten**.
Buradan gidiyoruz.	Wir ziehen **von hier** weg.

Zeitadverbien

Zeitadverbien geben Auskunft über Zeit und Dauer. Sie antworten auf die Fragen ne zaman? (wann?), ne kadar? (wie lange?) oder kaç defa? (wie oft?).

Adverbien für vergangene Ereignisse

o zamanlar	damals	O zamanlar İstanbul'daydım.	Ich war **damals** in Istanbul.
bir zamanlar	damals	O bir zamanlar çok ünlüydü.	Er war **damals** sehr berühmt.
eskiden	früher	Eskiden burada bir lokanta vardı.	**Früher** war hier ein Restaurant.
geçenlerde	kürzlich	Geçenlerde Antalya'ya kar yağdı.	**Kürzlich** hat es in Antalya geschneit.
biraz önce	gerade	Tren biraz önce kalktı.	Der Zug ist **gerade** abgefahren.

Adverbien für gegenwärtige Ereignisse

şimdi	jetzt	Şimdi sıra onda.	**Jetzt** ist er dran.
şu anda	gerade	Şu anda meşgulüm.	Ich bin **gerade** beschäftigt.
bugün	heute	Bugün tatil.	**Heute** ist Feiertag.
bu sabah	heute Morgen	Bu sabah çok erken kalktım.	**Heute Morgen** bin ich zu früh aufgestanden.
bugün öğleyin	heute Mittag	Bügün öğleyin yemeğe davetliyim.	**Heute Mittag** bin ich zum Essen eingeladen.
bugün öğleden sonra	heute Nachmittag	Bugün öğleden sonra hava güneşli olacak.	**Heute Nachmittag** wird es sonnig.
bu akşam	heute Abend	Bu akşam sinemaya gidelim.	**Heute Abend** gehen wir ins Kino.
günümüzde	heutzutage	Günümüzde çok şey değişti.	**Heutzutage** ist vieles anders.

Adverbien für zukünftige Ereignisse

yakında	bald	O yakında gelir.	**Bald** kommt er.
hemen	gleich, sofort	Hemen başlıyoruz.	Wir fangen **gleich** an.
yarın	morgen	Yarın dükkânlar kapalı.	**Morgen** sind die Geschäfte geschlossen.
yarın sabah	morgen früh	Yarın sabah Ankara'ya gidiyorum.	**Morgen früh** fahre ich nach Ankara.
yarın öğleyin	morgen Mittag	Yarın öğleyin buluşuyoruz.	**Morgen Mittag** treffen wir uns.
yarın öğleden sonra	morgen Nachmittag	Yarın öğleden sonra bürodayım.	**Morgen Nachmittag** bin ich im Büro.
yarın akşam	morgen Abend	Yarın akşam evdeyim.	**Morgen Abend** bin ich zu Hause.
sonra	später	Bunu sonra konuşalım.	Sprechen wir darüber **später**.

Adverbien, die ein Verhältnis zu einem anderen Zeitpunkt ausdrücken

önce ... sonra	zuerst ... dann	Önce düşüncemi söyledim, sonra bir soru sordum.	**Zuerst** habe ich meine Meinung gesagt, **dann** habe ich eine Frage gestellt.
sonra	dann	Berlin'de iki yıl çalıştım, sonra Türkiyeye geri döndüm.	Ich habe zwei Jahre in Berlin gearbeitet, **dann** bin ich in die Türkei zurückgekehrt.
ondan sonra	danach	Burada iki hafta tatil yapıyorum, ondan sonra işe başlıyorum.	Ich mache hier zwei Wochen Urlaub und **danach** fange ich mit der Arbeit an.
o sırada	da	Kimse fark etmedi. O sırada kaza oldu.	Niemand ahnte etwas. **Da** geschah plötzlich das Unglück.

son olarak	zuletzt	Son olarak orkestra şefi sahneye çıktı.	**Zuletzt** ist der Dirigent auf die Bühne getreten.
sonunda	schließlich	Sonunda sınavı kazandım.	**Schließlich** habe ich die Prüfung bestanden.
bu arada	inzwischen	Bu arada müzik dinleyebilirsin.	**Inzwischen** kannst du Musik hören.
şimdiye kadar	bisher	Şimdiye kadar hıçkimse aramadı.	**Bisher** hat niemand angerufen.
o zamandan beri	seitdem	O zamandan beri mutluyum.	**Seitdem** bin ich glücklich.

Adverbien, die Häufigkeit und Wiederholung ausdrücken

asla	nie	Sana söylediklerimi asla unutma.	Vergiss **nie**, was ich dir gesagt habe.
ender	selten	Çok ender görüşüyoruz.	Wir sehen uns nur noch **selten**.
bazen	manchmal	O bazen bana uğruyor.	Sie kommt **manchmal** zu mir.
ara sıra	ab und zu	Ara sıra buluşuyoruz.	**Ab und zu** treffen wir uns.
ekseri	meistens	O ekseri geç geliyor.	Er kommt **meistens** zu spät.
daima	immer	Bunu daima söylüyorsun.	Das sagst du **immer**.
her zaman	jederzeit	Beni her zaman arayabilirsin.	Du kannst mich **jederzeit** anrufen.
bir defa, iki defa …	einmal, zweimal …	Onu bir defa gördüm.	Ich habe ihn **einmal** gesehen.
hep	jedes Mal	Hep aynı şeyi söylüyorsun.	**Jedes Mal** sagst du dasselbe.
çok kez kez	mehrmals	Bunu sana çok anlattım.	Das habe ich dir **mehrmals** erzählt.
tekrar	wieder	Tekrar buradayım.	Da bin ich **wieder**.

her gün her hafta	täglich wöchentlich	Her gün on saat çalışıyorum.	Ich arbeite **täglich** 10 Stunden.
her ay her yıl	monatlich jährlich	Her ay 1000 lira kira ödüyorum.	Ich bezahle **monatlich** 1000 Lira Miete.
pazartesi günleri	montags	Pazartesi günleri müzeler kapalıdır.	**Montags** sind Museen geschlossen.
salı günleri	dienstags	Salı günleri bürodayım.	**Dienstags** bin ich im Büro.
çarşamba günleri	mittwochs	Çarşamba günleri boşum.	**Mittwochs** habe ich frei.
sabahları	morgens	O sabahları koşuyor.	Er läuft **morgens**.
öğlenleri	mittags	Öğlenleri on dakika uyuyorum.	**Mittags** schlafe ich 10 Minuten.
öğleden sonraları	nachmittags	Öğleden sonraları çay içiyorum.	**Nachmittags** trinke ich gern Tee.
akşamları	abends	Akşamları yemek yapıyorum.	**Abends** koche ich.

Adverbien, die Augenblick und Dauer ausdrücken

erken	früh	Erken yatıyorum.	Ich gehe **früh** ins Bett.
geç	spät	Geç kalkıyorum.	Ich stehe **spät** auf.
saatlerce	stundenlang	Ameliyat saatlerce sürdü.	Die Operation hat **stundenlang** gedauert.
günlerce	tagelang	Yolculuk günlerce sürdü.	Die Reise hat **tagelang** gedauert.
haftalarca	wochenlang	Haftalarca yağmur yağdı.	Es hat **wochenlang** geregnet.
aylarca	monatelang	Kış aylarca sürdü.	Der Winter hat **monatelang** gedauert.
yıllarca	jahrelang	Arkadaşlarımı yıllarca görmedim.	Ich habe meine Freunde **jahrelang** nicht gesehen.

Adverbien der Art und Weise

Adverbien der Art und Weise antworten auf die Frage nasıl? (wie?).

şöyle	so	Bu şöyle yapılır.	**So** macht man das.
seve seve	gern	Bunu seve seve yaparım.	Ich tue das **gern**.
belki	vielleicht	Belki gelirim.	**Vielleicht** komme ich mit.
dikkatli	vorsichtig	Lütfen dikkatli olunuz!	Bitte seien Sie **vorsichtig**!
hemen hemen	etwa	Saat hemen hemen üç.	Es ist **etwa** drei Uhr.
çabuk	schnell	Çabuk anlıyor.	Er versteht **schnell**.

Adverbien der Menge und Intensität

Adverbien der Menge und Intensität antworten auf die Fragen ne kadar? (wie viel?) oder ne derece? (inwiefern, inwieweit?).

az	wenig	Az görüşüyoruz.	Wir sehen uns **wenig**.
çok az	sehr wenig	O çok az yiyor.	Sie isst **sehr wenig**.
çok	sehr, viel	Çok eğlendik.	Wir haben uns **sehr** amüsiert.
fazla	zu viel	Bu yıl fazla kar yağdı.	In diesem Jahr hat es **zu viel** geschneit.
en çok	am meisten	Buna en çok sevindim.	Darüber habe ich mich **am meisten** gefreut.

Die Stellung der Adverbien im Satz

In der Regel steht das Adverb vor dem Satzteil, den es näher bestimmt.

Vor dem Adjektiv oder dem Adverb:

Hava çok güzel. O çok hızlı konuşuyor.	Das Wetter ist **sehr** schön. Er spricht **sehr** schnell.

Vor dem Verb des Satzes:

O çok içiyor. O çok okuyor.	Er trinkt **viel**. Er liest **viel**.

Oder es steht am Anfang eines einfachen Aussagesatzes:

Yarın İstanbul'a gidiyoruz.	**Morgen** fahren wir nach Istanbul.

Die Postpositionen

Im Türkischen gibt es im Gegensatz zum Deutschen keine Präpositionen, also Verhältniswörter, die **vor** ihrem Bezugswort stehen. Türkische Verhältniswörter sind ihrem Bezugswort immer **nachgestellt**, man nennt sie daher Postpositionen. Einer deutschen Präposition entspricht in der Regel eine türkische Postposition.

1. Wie bildet man **postpositionale Konstruktionen**?
2. Wie kann man die türkischen **Postpositionen klassifizieren**?
3. Wie werden Postpositionen, die **Ort**, **Raum** und **Richtung** angeben, im Türkischen wiedergegeben?

Postpositionale Konstruktionen

Verhältniswörter bilden mit Substantiven und Pronomen postpositionale Konstruktionen. Dabei muss das Bezugswort in einem bestimmten Fall stehen.

Postpositionale Konstruktion: Bezugswort + Verhältniswort

araba ile	**mit** dem Wagen	Bezugswort steht im Nominativ
sen**in** ile	**mit** dir	Bezugswort steht im Genitiv (-in-Fall)
ev**e** kadar	**bis nach** Hause	Bezugswort steht im Dativ (-e-Fall)
saat iki**den** sonra	**nach** 2 Uhr	Bezugswort steht im Ablativ (-den-Fall)

Die Klassifizierung der Postpositionen

Die Postpositionen können jeweils nach dem Fall, in dem ihr Bezugswort stehen muss, eingeteilt werden.

Postpositionen mit Nominativ und Genitiv

	Bezugswort: Substantive im Nominativ		**Bezugswort: Pronomen im Genitiv**	
ile	tren ile	**mit** dem Zug	senin ile	**mit** dir
için	çocuklar için	**für** die Kinder	benim için	**für** mich
gibi	dağ gibi	**wie** der Berg	bunun gibi	**wie** dieser da
kadar	ayı kadar ...	**so ... wie** ein Bär	sizin kadar	**so** ... **wie** Sie

Postpositionen mit Dativ (-e-Fall)

Postposition	**Bezugswort im Dativ (-e-Fall)**	
doğru	İzmir'e doğru	**in Richtung** Izmir
göre	bize göre	unserer Meinung **nach**
kadar	sabaha kadar	**bis** Morgen früh
karşı	Galatasaray'a karşı	**gegen** Galatasaray
rağmen	fırtınaya rağmen	**trotz** des Sturms

Postpositionen mit Ablativ (-den-Fall)

Postposition	**Bezugswort im Ablativ (-den-Fall)**	
başka	benden başka	**außer** mir
beri	pazartesiden beri	**seit** Montag
dolayı	fırtınadan dolayı	**wegen** des Sturms
önce	saat 7'den önce	**vor** 7 Uhr
sonra	saat 7'den sonra	**nach** 7 Uhr

Überblick über die gebräuchlichsten Postpositionen

Postpositionen mit Nominativ

Die Postpositionen ile, için, gibi und kadar verlangen, dass ihr Bezugswort im Nominativ steht. Wenn aber das Bezugswort ein Personal- oder Demonstrativpronomen ist, steht es im Genitiv (die Pluralformen mit der Endung -ler ausgenommen).

Bezugswort: Personalpronomen stehen im Genitiv.

Singular		**Plural**	
benim ile	**mit** mir	bizim ile	**mit** uns
senin için	**für** dich	sizin için	**für** euch/Sie
onun gibi	**wie** er/sie	onlar için	**für** ihn/sie

Die 3. Person Plural on**lar** steht im Nominativ.

Bezugswort: Demonstrativpronomen bu, şu und o stehen im Genitiv.

Singular		**Plural**	
bunun ile	**mit** diesem da	bunlar ile	**mit** diesen da
şunun için	**für** jenen dort	şunlar için	**für** jene dort
onun gibi	**wie** der/die/das da	onlar gibi	**wie** diese da

Die Pluralformen der Demonstrativpronomen stehen im Nominativ.

ile **mit**

Kimin ile?	**Mit wem?**
Şef ile konuştum.	Ich habe **mit** dem Chef gesprochen.
Arkadaşlarım ile diskoya gittim.	Ich bin **mit** meinen Freunden in die Disko gegangen.
Onun ile Türkiye'ye gidiyorum.	Ich fahre **mit** ihm in die Türkei.

Ne ile?	**Womit?**
Pikniğe bisikletler ile gidiyoruz.	Wir fahren **mit** den Fahrrädern zum Picknick.
Otobüsler hazır. Basketbola bunlar ile gidiyoruz.	Die Busse stehen bereit. **Mit** ihnen fahren wir zum Basketballspiel.

ile als Endung

Die Postposition ile kann sowohl selbstständig als auch als Endung -(y)le gebraucht werden.

Kimin ile? = Kiminle?	**Mit wem?**
Kiminle konuştun? – Şefle konuştum.	**Mit** wem hast du gesprochen? – Ich habe **mit** dem Chef gesprochen.
Arkadaşlarla konuştun mu? – Hayır, onlarla henüz konuşmadım.	Hast du **mit** den Freunden gesprochen? – Nein, ich habe **mit** ihnen noch nicht gesprochen.

Ne ile? = Neyle?	**Womit?**
Oraya neyle gidiyorsunuz?	**Womit** fährst du dorthin?
Otobüsle veya Metroyla?	**Mit** dem Bus oder **mit** der Metro?

için **für**

Kimin için?	**Für wen?**
Şal annem için.	Der Schal ist **für** meine Mutter.
Kitaplar arkadaşlar için.	Die Bücher sind **für** die Freunde.
Bilgisayar senin için.	Der Computer ist **für** dich.

gibi **(so) wie**

Ne gibi?	**Wie?**
İstanbul gibi tarihi kentler azdır.	Historische Städte **wie** Istanbul sind selten.
Senin gibi ben de türkçe öğreniyorum.	**So wie** du lerne auch ich Türkisch.

kadar **so … wie**

Ne kadar?	**Wie …?**
Ben de senin kadar inatçıyım.	Ich bin auch **so** dickköpfig **wie** du.
O da benim kadar yorgun.	Er ist auch **so** müde **wie** ich.

Postpositionen mit Dativ (-e-Fall)

doğru **in Richtung, gegen**

Nereye doğru?	**In welche Richtung?**
Güneye doğru gidiyoruz.	Wir fahren **in Richtung** Süden.
Kaleye doğru yürüyoruz.	Ich gehe **in Richtung** Burg.

Ne zaman?	**Wann?**
Saat 7'ye doğru geliriz.	Wir kommen **gegen** 7 Uhr.
Akşama doğru güneş açtı.	**Gegen** Abend schien die Sonne.

göre **nach, gemäß, zufolge**

Kime göre?	**Wem/Was zufolge?**
Bana göre bu yanlış.	Meiner Meinung **nach** ist das falsch.
Ama Barbara'ya göre doğru.	Aber Barbara **zufolge** stimmt es.

Neye göre?	**Wonach?/Was zufolge?**
İstatistiklere göre fiyatlar artıyor.	Den Statistiken **zufolge** steigen die Preise.
Yönetmeliklere göre hareket et!	Richte dich **nach** den Vorschriften!

kadar **bis (zu/nach)**

Nereye kadar?	**Bis wohin?**
Sinemaya kadar yürüyelim!	Laufen wir **bis zum** Kino!
İzmir'e kadar gemiyle gidiyoruz.	**Bis (nach)** Izmir fahren wir mit dem Schiff.

Ne zamana kadar? Perşembeye kadar çalışıyorum. Saat 11'e kadar uyudum.	**Bis wann?** Ich arbeite **bis** Donnerstag . Ich habe **bis** 11 Uhr geschlafen.

karşı **gegen**

Kime karşı? Galatasaray yarın Bayern München'e karşı oynuyor? Bu bana karşı.	**Gegen wen?** Morgen spielt Galatasaray **gegen** Bayern München. Das ist **gegen** mich gerichtet.
Neye karşı? Buna karşıyım. Adaçayı öksüküğe karşı iyidir.	**Gegen was?** Ich bin da**gegen**. Salbeitee ist gut **gegen** Husten.

rağmen **trotz**

Neye rağmen? Davete rağmen toplantıya gelmedi. Fırtınaya rağmen bahçede çalışıyor.	**Trotz was?** **Trotz** der Einladung ist er nicht zur Veranstaltung gekommen. **Trotz** des Sturms arbeitet er im Garten.

Postpositionen mit Ablativ (-den-Fall)

başka **außer**

Kimden başka? Senden başka hiç kimse konuşmuyor. Benden başka herkes uyuyor.	**Außer wem?** **Außer** dir spricht niemand. Alle **außer** mir schlafen.

beri **seit**

Ne zamandan beri? Ne zamandan beri hastasınız? İki günden beri hastayım.	**Seit wann?** **Seit** wann sind Sie krank? **Seit** zwei Tagen bin ich krank.

dolayı **wegen**

Neden dolayı?	**Wegen was?/Weswegen?**
Kazadan dolayı yol kapalı.	**Wegen** des Unfalls ist die Straße gesperrt.
O hastalıktan dolayı evde kaldı.	**Wegen** der Krankheit ist er zu Hause geblieben.

önce **vor (zeitlich)**

Ne zaman?	**Wann?**
(Saat kaçtan önce?)	**(Vor welchem Zeitpunkt?)**
Lütfen Saat 12'den önce geliniz!	Bitte kommen Sie **vor** 12 Uhr.
Öğleden önce boşum.	**Vor**mittags habe ich frei.
O, akşamdan önce gelmez.	Er kommt nicht **vor** heute Abend.

sonra **nach (zeitlich)**

Ne zaman?	**Wann?**
(Saat kaçtan sonra?)	**(Nach welchem Zeitpunkt?)**
Lütfen saat 9'dan sonra geliniz!	Bitte kommen Sie **nach** 9 Uhr!
Bugün öğleden sonra çalışıyorum.	Heute **Nach**mittag arbeite ich.

Wiedergabe von Präpositionen, die Ort, Raum und Richtung angeben

Auf die Fragen **wohin?** nereye? und **wo?** nerede? antworten im Deutschen Präpositionen, die Ort, Raum oder Richtung angeben. Im Türkischen werden diese Fragen mit Substantiven beantwortet, die einen bestimmten örtlichen Bereich, eine bestimmte Seite von etwas oder eine bestimmte Richtung ausdrücken. Hier die gebräuchlichsten:

ön	das Vordere, die Vorderseite
arka	das Hintere, die Hinterseite
üst	das Obere, die Oberseite
alt	das Untere, die Unterseite
iç	das Innere, die Innenseite
dış	das Äußere, die Außenseite
yan	die Seite
karşı	das Gegenüber, die gegenüberliegende Seite

ara	der Zwischenraum
sağ	die rechte Seite
sol	die linke Seite

Sie bilden mit dem Substantiv, auf das sie sich beziehen, eine Substantivgruppe vom Typ I (→ Genitivkonstruktion, Seite 26 f.), wie z. B. ev**in** ön**ü** (die Vorderseite des Hauses) und je nach der Frage nereye? (wohin?) oder nerede? (wo?) erhält diese Genitivkonstruktion eine entsprechende Fallendung:

Genitivkonstruktion + Bindekonsonant **n** + Fallendung

Die Endungen bei Frage und Antwort sind jeweils gleich.

	Nereye? **-e-Fall** **(Dativ)**	**Wohin?** **-de-Fall**	**Nerede?** **(Lokativ)**	**Wo?**
ön	evin önü**ne**	vor das Haus	evin önü**nde**	vor dem Haus
arka	evin arkası**na**	hinter das Haus	evin arkası**nda**	hinter dem Haus
üst	evin üstü**ne**	auf das Haus	evin üstü**nde**	auf dem Haus
alt	evin altı**na**	unter das Haus	evin altı**nda**	unter dem Haus
iç	evin içi**ne**	in das Haus	evin içi**nde**	in dem/im Haus
dış	evin dışı**na**	aus dem Haus heraus	evin dışı**nda**	außerhalb des Hauses
yan	evin yanı**na**	neben das Haus	evin yanı**nda**	neben dem Haus
karşı	evin karşısı**na**	zur gegenüberliegenden Seite des Hauses	evin karşısı**nda**	gegenüber dem Haus
ara	evlerin arası**na**	zwischen die beiden Häuser	evlerin arası**nda**	zwischen den beiden Häusern

sağ	evin sağına	zur rechten Seite des Hauses	evin sağında	rechts vom Haus
sol	evin soluna	zur linken Seite des Hauses	evin solunda	links vom Haus

ön **das Vordere, die Vorderseite**

Nereye? Vazoyu pencerenin **önüne** koy lütfen!	Stell bitte die Vase **vor das Fenster**!
Nerede? Vazo pecerenin **önünde** duruyor.	Die Vase steht **vor dem Fenster**.

arka **das Hintere, die Hinterseite**

Nereye? Sandalyeyi masanın **arkasına** koy lütfen!	Stell bitte den Stuhl **hinter den Tisch**!
Nerede? Sandalye masanın **arkasında** duruyor.	Der Stuhl steht **hinter dem Tisch**.

üst **das Obere, die Oberseite**

Nereye? Bavulu dolabın **üstüne** koy lütfen!	Leg bitte den Koffer **auf den Schrank**!
Nerede? Bavul dolabın **üstünde** duruyor.	Der Koffer liegt **auf dem Schrank**.

alt **das Untere, die Unterseite**

Nereye? Kutuyu masanın **altına** koy lütfen!	Stell bitte den Karton **unter den Tisch**!
Nerede? Kutu masanın **altında** duruyor.	Der Karton steht **unter dem Tisch**.

iç **das Innere, die Innenseite**

Nereye? Kitapları kutunun **içine** koy lütfen!	Leg bitte die Bücher **in den Karton**!
Nerede? Kitaplar kutunun **içinde** duruyor.	Die Bücher liegen **im Karton**.

dış **das Äußere, die Außenseite**

Nereye?	Kentin dışı**na** taşınıyoruz.	Wir ziehen **aus der Stadt heraus**.
Nerede?	Kentin dışı**nda** oturuyoruz.	Wir wohnen **außerhalb der Stadt**.

yan **die Seite**

Nereye?	Çantayı sepetin yanı**na** koy lütfen!	Bitte stell die Tasche **neben den Korb**!
Nerede?	Çanta sepetin yanı**nda** duruyor.	Die Tasche steht **neben dem Korb**.

karşı **das Gegenüber**

Nereye?	Sokağın karşısı**na** taşınıyorum.	Ich ziehe **auf die gegenüberliegende Seite der Straße**.
Nerede?	Postanenin karşısı**nda** oturuyorum.	Ich wohne **gegenüber der Post.**

ara **der Zwischenraum**

Nereye?	Evlerin arası**na** ağaçlar dikiliyor.	**Zwischen die beiden Häuser** werden Bäume gepflanzt.
Nerede?	Evlerin arası**nda** bir bahçe var.	**Zwischen den beiden Häusern** gibt es einen Garten.

sağ / sol **die rechte Seite / die linke Seite**

Nereye?	Sandalyeleri masanın sağı**na** ve solu**na** koy!	Stell die Stühle **an die rechte und linke Seite des Tisches**!
Nerede?	Sandalyeler masanın sağı**nda** ve solu**nda** duruyor.	Die Stühle stehen **rechts und links des Tisches**.

Die Konjunktionen

Konjunktionen (Bindewörter) verbinden Wörter, Wortgruppen und Sätze miteinander.

1. Gibt es im Türkischen auch **unterordnende Konjunktionen**?
2. Welches sind die **gebräuchlichsten Konjunktionen** und wie werden sie verwendet?

Im Türkischen gibt es nur nebenordnende Konjunktionen, also Konjunktionen, die zwei Wörter, Wortgruppen oder Hauptsätze miteinander verbinden. Sie werden ähnlich wie nebenordnende Konjunktionen im Deutschen verwendet.

Unterordnende Konjunktionen, also Konjunktionen, die einen Nebensatz einleiten wie „dass“, „weil“ etc., gibt es im Türkischen nicht. Ihre Funktion wird von den Gerundien (Verbaladverbien) erfüllt. (→ Die Verbaladverbien, Seite 152 ff.)

Überblick über die gebräuchlichsten Konjunktionen

ve	**und**
O gazeteci ve ben öğretmenim.	Sie ist Journalist **und** ich bin Lehrer.
Ben doktorum ve İstanbul'da çalışıyorum.	Ich bin Arzt **und** arbeite in Istanbul.
hem ... hem de	**sowohl ... als auch**
Hem İstanbul'a hem de Antalya'ya gitmek istiyorum.	Ich möchte **sowohl** nach Istanbul **als auch** nach Antalya fahren.
Bu bisiklet hem iyi hem de ucuz.	Dieses Fahrrad ist **sowohl** gut **als auch** billig.
Hem bugün hem de yarın boşum.	**Sowohl** heute **als auch** morgen habe ich frei.

ne ... ne	**weder ... noch**
Ne o ne onun eşi geldi.	**Weder** er **noch** seine Frau sind gekommen.
Ne hayır ne evet dedi.	Er hat **weder** nein **noch** ja gesagt.
Ne telefon etti ne bir mesaj gönderdi.	Er hat **weder** angerufen **noch** eine SMS geschickt.
de ... de	**(so) wie ... auch**
Sen de ben de bu romanı okuduk.	**(So) wie** du habe **auch** ich den Roman gelesen.
Sen de ben de yorgunuz.	**(So) wie** du bin **auch** ich müde.
veya	**oder**
Bugün veya yarın Berlin'e geliyorum.	Ich komme heute **oder** morgen nach Berlin.
Evet veya hayır!	Ja **oder** nein!
Şimdi veya asla!	Jetzt **oder** nie!
Sağa veya sola?	Rechts **oder** links?
ya ... ya	**entweder ... oder**
Ya otobüsle ya metroyla gideceğim.	Ich werde **entweder** mit dem Bus **oder** mit der Metro fahren.
Ya hep ya hiç.	**Entweder** alles **oder** nichts.
ama / fakat	**aber**
Yolculuk güzel, fakat yorucu idi.	Die Reise war schön, **aber** anstrengend.
Çok çalıştım, ama sınavı kazanamadım.	Ich habe viel gearbeitet, **aber** die Prüfung nicht bestanden.
gerçi ..., ama ...	**zwar ..., aber ...**
Gerçi araba eski, ama bakımlı.	Das Auto ist **zwar** alt, **aber** gepflegt.
O gerçi zengin ama cimri.	Er ist **zwar** reich, **aber** geizig.
ancak	**allerdings**
Seve seve gelirim, ancak bir şartla.	Ich komme gern, **allerdings** unter einer Bedingung.

Yüzmeyi seviyorum, ancak sadece denizde.	Ich schwimme gern, **allerdings** nur im Meer.
aksine / tersine / tam tersine	**sondern**
Kitap heyecanlı değil aksine can sıkıcı.	Das Buch ist nicht spannend, **sondern** langweilig.
Ben değil, tam tersine sen suçlusun.	Nicht ich, **sondern** du bist schuld.
yalnız ... değil, aynı zamanda ...	**nicht nur ..., sondern auch ...**
O yalnız güzel değil, aynı zamanda akıllı.	Er ist **nicht nur** hübsch, **sondern auch** klug.
Elbise yalnız şık değil, aynı zamanda modaya uygun.	Das Kleid ist **nicht nur** schick, **sondern auch** modisch.
bir ... bir	**mal ..., mal**
Bir böyle söylüyor bir şöyle.	Er spricht **mal** so, **mal** so.
Bir kar yağıyor bir güneş açıyor.	**Mal** schneit es, **mal** regnet es.
üstelik	**außerdem**
Yemek kötüydü, üstelik pahalı.	Das Essen war schlecht, **außerdem** war es teuer.
Film romantik, üstelik çok acıklı.	Der Film ist romantisch, **außerdem** sehr traurig.
yani	**nämlich / kurz gesagt / das heißt / also**
İki kez oradaydım, yani dün ve bugün.	Ich war zweimal da, **nämlich** gestern und heute.
Yani, herşey tamam.	**Kurz gesagt**: Alles in Ordnung.
çünkü **denn**	
Marmarise gidiyorum, çünkü orada hava hala sıcak ve güneşli.	Ich fahre nach Marmaris, **denn** da ist es noch warm und sonnig.
Şimdi gelemem, çünkü çok işim var.	Ich kann jetzt nicht kommen, **denn** ich habe viel zu tun.

Das Verb

Wörter wie bilmek (wissen), yaşamak (leben), yapmak (machen) oder vermek (geben) bezeichnet man als „Verben". Verben bilden das Prädikat eines Satzes.

1. Woraus besteht das **finite Verb** im Türkischen?
2. Wie werden die **Grundformen des türkischen Verbs** gebildet und gebraucht?
3. Wie werden die **erweiterten Verbformen** gebildet und gebraucht?
4. Welche **Handlungsformen** hat das Verb im Türkischen?
5. Wie wird das Verb ***imek*** verwendet?
6. Wie wird **„es gibt (nicht)"** und **„(nicht) haben"** im Türkischen wiedergegeben?
7. Wie werden **Modalverben** im Türkischen wiedergegeben?
8. Wie werden **Verbalsubstantive** gebildet und dekliniert?
9. Wie werden **Verbaladjektive (Partizipien)** gebildet und gebraucht?
10. Wie werden **Verbaladverbien (Gerundien)** gebildet und gebraucht?

Einführung

Verbstamm und Infinitiv

Positive Form des Infinitivs

Wie im Deutschen besteht das Verb im Türkischen aus Verbstamm und Infinitivendung. Die Infinitivendung ist im Türkischen -mek.

bilmek	wiss**en**	gelmek	komm**en**
sormak	frag**en**	gitmek	geh**en**
vermek	geb**en**	yapmak	mach**en**
almak	nehm**en**		

Der Verbstamm ist meist einsilbig, kann aber auch mehrsilbig sein.

düşünmek	denken	okumak	lesen
konuşmak	sprechen	çalışmak	arbeiten

Negative Form des Infinitivs
Durch Anhängen der Negationsendung -me- an den Verbstamm werden Verben negiert. Die Negationsendung -me- steht immer nach dem Verbstamm.

Verbstamm + -me- + Infinitivendung

positiv		**negativ**	
gelmek	wissen	gelmemek	nicht wissen
yapmak	machen	yapmamak	nicht machen
vermek	geben	vermemek	nicht geben
almak	nehmen	almamak	nicht nehmen

Die Bildung der konjugierten Formen des Verbs

Ein einfacher, vollständiger Aussagesatz im Türkischen enthält wie im Deutschen ein konjugiertes (finites) Verb.

Ben seni seviyorum.	Ich liebe dich.
Onlar yarın gelecekler.	Sie werden morgen kommen.

Die Bildung der konjugierten (finiten) Formen des Verbs folgt immer demselben Schema:

Verbstamm + Zeit- oder Modusendung + Personalendung

finites Verb	**Verbstamm**	**+ Zeit- oder Modusendung**	**+ Personalendung**	
seviyorum	sev	iyor Präsensendung	um 1. Person Singular	ich liebe
gelecekler	gel	ecek Futurendung	ler 3. Person Plural	sie werden kommen

Der Verbstamm
In der Regel bleibt der Verbstamm bei der Konjugation unverändert.

Infinitiv	**finite Form**
sevmek	seviyorum
gelmek	gelecekler

Nur drei Verben bilden eine Ausnahme von dieser Regel: gitmek (gehen), etmek (tun/machen) und tatmak (probieren). Wenn auf die Verbstämme dieser Verben eine Endung folgt, die wie -iyor mit einem Vokal anfängt, wird das auslautende t zu d. So lässt sich die Verbindung besser aussprechen.

git-mek	gidiyorum	ich gehe
et-mek	ediyorum	ich mache/tue
tat-mak	tadıyorum	ich probiere

Die Zeit- und Modusendungen

Grundformen	Zeit- und Modusendungen		
-di-Vergangenheit	-di-	geldim	ich bin gekommen
-miş-Vergangenheit	-miş-	gelmişim	ich soll gekommen sein
Präsens	-iyor-	geliyorum	ich komme (jetzt gerade)
Futur	-(y)ecek-	geleceğim	ich werde kommen
unbestimmte Gegenwart	-er-/ -ir-	gelirim	ich komme (gewöhnlich)
Konditional-Wunschform	-se-	gelsem	wenn ich kommen würde
Optativ	-(y)e-	geleyim	ich will kommen
Notwendigkeitsform	-meli-	gelmeliyim	ich muss/soll kommen
Imperativ	(→ Der Imperativ, Seite 120 ff.)		

Die Personalendungen
Durch Personalendungen am finiten Verb wird die Person deutlich. Nur die 3. Person Singular hat keine Personalendung.

Personalendungen der Gruppe I:
Sie werden bei der -miş-Vergangenheit, beim Präsens, bei der unbestimmten Gegenwart, beim Futur, bei der Notwendigkeitsform und bei den mit -miş- erweiterten Verbformen benutzt.

Personalpronomen im Nominativ		Personalendungen
ben	ich	-(y)im
sen	du	-sin
o	er/sie	–
biz	wir	-(y)iz
siz	ihr/Sie	-siniz
onlar	sie	-ler

ben seviyorum	ich liebe
biz geleceğiz	wir werden kommen

Personalendungen der Gruppe II:
Sie werden bei der -di-Vergangenheit, bei mit -di- erweiterten Zeitformen und bei den Konditionalformen verwendet.

Personalpronomen im Nominativ		Personalendungen
ben	ich	-m
sen	du	-n
o	er/sie	–
biz	wir	-k
siz	ihr/Sie	-niz
onlar	sie	-ler

ben sevdim	ich habe geliebt
biz geldik	wir sind gekommen

Sonstige Personalendungen
Die verneinte unbestimmte Gegenwart, der Optativ und der Imperativ haben eigene Personalendungen. Mehr dazu → Seite 109 f., 115 f. und 120 ff.

Verwendung der Personalpronomen
Die Personalpronomen als Subjekt, also ben, sen, o etc., werden im Türkischen nur zur Hervorhebung verwendet, da die Person bereits durch die Personalendung des Verbs deutlich wird.
ben seviyorum = seviyorum
biz geldik = geldik

Die Stellung der Fragepartikel mi

Bei Alternativfragen, also Fragen, die mit „ja“ oder „nein“ beantwortet werden, wird die Fragepartikel mi benutzt. Die Fragepartikel mi wird vom Verb getrennt geschrieben, die Personalendungen werden an mi angehängt.

Verbstamm + Zeit- oder Modusendung + Fragepartikel mi + Personalendung

gelir misiniz? geliyor musunuz? gelecek misin?	würden Sie kommen? kommen Sie? werden Sie kommen?

In der 3. Person Plural steht mi immer nach der Personalendung -ler.

gelecekler mi? geliyorlar mı?	werden sie kommen? kommen sie?

Bei der -di-Vergangenheit, der Konditional-Wunschform und beim Optativ steht mi am Ende des Verbs.

geldi mi? geleyim mi? söylesem mi?	ist er/sie gekommen? soll ich kommen? sollte ich sagen?

Die Stellung der Negationsendung -me-

Die Negationsendung -me- steht immer unmittelbar nach dem Verbstamm:

Verbstamm + -me- + Zeit- oder Modusendung + Personalendung

positiv	**negativ**		
verdim	vermedim	ich habe gegeben	ich habe nicht gegeben
aldım	almadım	ich habe genommen	ich habe nicht genommen
yaptım	yapmadım	ich habe gemacht	ich habe nicht gemacht

Die Verbformen

Man unterscheidet im Türkischen zwei Arten von Verbformen:

Grundformen
- Zeitformen
- Wunsch- und Aufforderungsformen

Erweiterte Formen
- mit -di erweiterte Formen
- mit -miş erweiterte Formen
- mit -se erweiterte Formen

Beispiel: gelmek (kommen) in der 3. Person Singular

Grundformen		**erweiterte Formen**		
Zeitformen		mit **-di**	mit **-miş**	mit **-se**
di-Vergangenheit	geldi	geldiy**di**	–	geldiy**se**
miş-Vergangenheit	gelmiş	gelmiş**ti**	gelmiş**miş**	gelmiş**se**
Präsens	geliyor	geliyor**du**	geliyor**muş**	geliyor**sa**
Futur	gelecek	gelecek**ti**	gelecek**miş**	gelecek**se**
unbestimmte Gegenwart	gelir	gelir**di**	gelir**miş**	gelir**se**
Wunsch- und Aufforderungsformen				
Konditional-Wunschform	gelse	gelsey**di**	gelsey**miş**	–
Optativ	gele	geley**di**	geley**miş**	–
Notwendigkeitsform	gelmeli	gelmeliy**di**	gelmeliy**miş**	–
Imperativ	(→ Der Imperativ, Seite 120 ff.)	–	–	–

Bildung und Gebrauch der Grundformen des Verbs

Die -di-Vergangenheit

Vergangenheitsendung: -di-
Personalendungen der Gruppe II

Positive Aussage
Verbstamm + -di- + Personalendung
Beispiel: gelmek (kommen)

Personal-pronomen	Personal-endungen	positive Aussage	
ben	-m	geldim	ich bin gekommen
sen	-n	geldin	du bist gekommen
o	–	geldi	er/sie ist gekommen
biz	-k	geldik	wir sind gekommen
siz	-niz	geldiniz	ihr seid/Sie sind gekommen
onlar	-ler	geldiler	sie sind gekommen

gitmek		gittim	ich bin gegangen
konuşmak		konuştum	ich habe gesprochen
yapmak		yaptım	ich habe gemacht
duymak		duydum	ich habe gehört

Negative Aussage
Verbstamm + -me- + -di- + Personalendung
Beispiel: demek (sagen)

Personal-pronomen	Personal-endungen	negative Aussage	
ben	-m	demedim	ich habe nicht gesagt
sen	-n	demedin	du hast nicht gesagt
o	–	demedi	er/sie hat gesagt
biz	-k	demedik	wir haben nicht gesagt
siz	-niz	demediniz	ihr habt/Sie haben nicht gesagt
onlar	-ler	demediler	sie haben nicht gesagt

anlamak	anlamadım	ich habe nicht verstanden
duymak	duymadım	ich habe nicht gehört
üşümek	üşümedim	ich habe nicht gefroren
unutmak	unutmadım	ich habe nicht vergessen

Positive Frage
Verbstamm + -di- + Personalendung + mi
Beispiel: yemek (essen)

Die Fragepartikel mi steht nach der Personalendung und wird getrennt geschrieben.

Personalpronomen	Personalendungen	positive Frage	
ben	-m	yedim mi?	habe ich gegessen?
sen	-n	yedin mi?	hast du gegessen?
o	–	yedi mi?	hat er/sie gegessen?
biz	-k	yedik mi?	haben wir gegessen?
siz	-niz	yediniz mi?	habt ihr/haben Sie gegessen?
onlar	-ler	yediler mi?	haben sie gegessen?

içmek	içtin mi?	hast du getrunken?
uyumak	uyudun mu?	hast du geschlafen?
üşümek	üşüdün mü?	hast du gefroren?
anlamak	anladınız mı?	haben Sie verstanden?

Negative Frage
Verbstamm + -me- + -di- + Personalendung + mi
Beispiel: görmek (sehen)

Personalpronomen	Personalendungen	negative Frage	
ben	-m	görmedim mi?	habe ich nicht gesehen?
sen	-n	görmedin mi?	hast du nicht gesehen?

Personal-pronomen	Personal-endungen	negative Frage	
o	–	görmedi mi?	hat er/sie nicht gesehen?
biz	-k	görmedik mi?	haben wir nicht gesehen?
siz	-niz	görmediniz mi?	habt ihr/haben Sie nicht gesehen?
onlar	-ler	görmediler mi?	haben sie nicht gesehen?

demek		demedin mi?	hast du nicht gesagt?
duymak		duymadınız mı?	haben Sie nicht gehört?
okumak		okumadın mı?	hast du nicht gelesen?
yazmak		yazmadın mı	hast du nicht geschrieben?

Gebrauch

Die -di-Vergangenheit drückt abgeschlossene Handlungen und Ereignisse in der Vergangenheit aus. Diese Zeitform kann je nach Kontext mit dem Perfekt oder Imperfekt ins Deutsche übersetzt werden.

Kim telefon etti?	Wer hat angerufen?
Ne dedi?	Was hat er/sie gesagt?
Sen ne dedin?	Was hast du gesagt?
Herşeyi unuttum.	Ich habe alles vergessen.
Dün akşam lokantaya gittik.	Wir gingen gestern Abend ins Restaurant.
Tatil çok çabuk geçti.	Die Ferien sind schnell vergangen.
Kitabı okudun mu?	Hast du das Buch gelesen?
Iki saat hava alanında bekledik.	Wir haben zwei Stunden am Flughafen gewartet.

Die -miş-Vergangenheit

Vergangenheitsendung: -miş-
Personalpronomen der Gruppe I

Positive Aussage
Verbstamm + -miş- + Personalendung
Beispiel: demek (sagen)

Personalpronomen	Personalendungen	positive Aussage	
ben	-(y)im	demişim	ich soll gesagt haben
sen	-sin	demişsin	du sollst gesagt haben
o	–	demiş	er/sie soll gesagt haben
biz	-(y)iz	demişiz	wir sollen gesagt haben
siz	-siniz	demişsiniz	ihr sollt/Sie sollen gesagt haben
onlar	-ler	demişler	sie sollen gesagt haben

istemek		istemişler	sie sollen verlangt haben
yapmak		yapmışsın	du sollst gemacht haben
görmek		görmüş	er/sie soll gesehen haben
söylemek		söylemiş	er/sie soll gesagt haben

Negative Aussage
Verbstamm + -me- + -miş- + Personalendung
Beispiel: beklemek (warten)

Personalpronomen	Personalendungen	negative Aussage	
ben	-(y)im	beklememişim	ich soll nicht gewartet haben
sen	-sin	beklememişsin	du sollst nicht gewartet haben

Personal-pronomen	Personal-endungen	negative Aussage	
o	–	beklememiş	er/sie soll nicht gewartet haben
biz	-(y)iz	beklememişiz	wir sollen nicht gewartet haben
siz	-siniz	beklememişsiniz	ihr sollt/Sie sollen nicht gewartet haben
onlar	-ler	beklememişler	sie sollen nicht gewartet haben

gitmek		gitmemişsin	du sollst nicht gegangen sein
gelmek		gelmemiş	er/sie soll nicht gekommen sein
demek		dememiş	er/sie soll nicht gesagt haben
yanılmak		yanılmamışım	ich sollte mich nicht geirrt haben

Positive Frage

Verbstamm + -miş + mi- + (y) + Personalendung

Beispiel: ödemek (bezahlen)

Personal-pronomen	Personal-endungen	positive Frage	
ben	-(y)im	ödemiş miyim?	soll ich bezahlt haben?
sen	-sin	ödemiş misin?	sollst du bezahlt haben?
o	–	ödemiş mi?	soll er/sie bezahlt haben?
biz	-(y)iz	ödemiş miyiz?	sollen wir bezahlt haben?
siz	-siniz	ödemiş misiniz?	sollt ihr/sollen Sie bezahlt haben?
onlar	-ler	ödemişler mi?	sollen sie bezahlt haben?

hoşlanmak	hoşlanmış mı?	soll es ihr gefallen haben?
inanmak	inanmış mı?	soll er/sie geglaubt haben?
demek	demiş mi?	soll er/sie gesagt haben?
kabul etmek	kabul etmiş mi?	soll er/sie akzeptiert haben?

Negative Frage
Verbstamm + -me- + -miş + mi- + Personalendung
Beispiel: söylemek (sagen)

Personalpronomen	Personalendungen	negative Frage	
ben	-(y)im	söylememiş miyim?	soll ich nicht gesagt haben?
sen	-sin	söylememiş misin?	sollst du nicht gesagt haben?
o	–	söylememiş mi?	soll er/sie nicht gesagt haben?
biz	-(y)iz	söylememiş miyiz?	sollen wir nicht gesagt haben?
siz	-siniz	söylememiş misiniz?	sollt ihr/sollen Sie nicht gesagt haben?
onlar	-ler	söylememişler mi?	sollen sie nicht gesagt haben?

yapmak	yapmamış mı?	soll er/sie nicht gemacht haben?
demek	dememiş mi?	soll er/sie nicht gesagt haben?
gitmek	gitmemişler mi	sollen sie nicht gegangen sein?
sevmek	sevmemişler mi?	soll es ihnen nicht gefallen haben?

Gebrauch
Die -miş-Vergangenheit wird gebraucht, wenn von vergangenen Ereignissen und Handlungen die Rede ist, die der Sprecher nur vom Hörensagen weiß. Dabei kann es sich auch um Gerüchte handeln.

Bakan dün gelmiş.	Der Minister soll (angeblich) gestern gekommen sein.

Barbara yeni bir araba almış.	Barbara soll ein neues Auto gekauft haben.

Auch Märchen, Fabeln, Anekdoten und Witze werden meistens in der -miş-Vergangenheit erzählt.

Bir varmiş, bir yokmuş, bir kadının bir kızı varmış. Günün birinde kadın komşularla konuşmak için evden çıkmış, kızı evde yalnız bırakmış.	Es war einmal eine Frau, die hatte eine Tochter. Eines Tages ging die Frau weg, um sich mit den Nachbarn zu unterhalten, und lies die Tochter allein zu Hause ...

Das Präsens

Präsensendung: -iyor-
Personalendungen der Gruppe I

Positive Aussage
Verbstamm + -iyor- + Personalendung
Beispiel: sevmek (lieben/gern haben)

Personalpronomen	**Personalendungen**	**positive Aussage**	
ben	-(y)im	seviyorum	ich liebe/mag
sen	-sin	seviyorsun	du liebst/magst
o	–	seviyor	er/sie liebt/mag
biz	-(y)iz	seviyoruz	wir lieben/mögen
siz	-siniz	seviyorsunuz	ihr liebt/mögt / Sie lieben/mögen
onlar	-ler	seviyorlar	sie lieben/mögen

Ausnahme: Bei der Endung -iyor- richtet sich nur die erste Silbe -i- nach der Vokalharmonie, die zweite Silbe -yor- ist dagegen immer unverändert.

vermek	veriyorum	ich gebe
almak	alıyorum	ich nehme
görmek	görüyorum	ich sehe
sormak	soruyorum	ich frage

Endet der Verbstamm auf einen Vokal, entfällt dieser Vokal bei der Verbindung mit -iyor-. So lässt sich die Verbindung besser aussprechen.

iste-mek	istiyorum	ich möchte
ara-mak	arıyorum	ich suche
üşü-mek	üşüyorum	ich friere
uyu-mak	uyuyorum	ich schlafe
ye-mek	yiyorum	ich esse
de-mek	diyorum	ich sage

gitmek, etmek, tatmak (→ Seite 90):

gitmek	gidiyorum	ich gehe
etmek	ediyorum	ich tue/mache
tatmak	tadıyorum	ich probiere

Negative Aussage
Verbstamm + Negationsendung -m(e)- + -iyor- + Personalendung
Beispiel: bilmek (wissen)

Bei der Verbindung mit -iyor- entfällt das e der Negationsendung -me-. So lässt sich die Verbindung leichter aussprechen:

Verbstamm + **-m-** + -iyor- + Personalendung

Personalpronomen	**Personalendungen**	**negative Aussage**	
ben	-(y)im	bilmiyorum	ich weiß nicht
sen	-sin	bilmiyorsun	du weißt nicht
o	–	bilmiyor	er/sie weiß nicht
biz	-(y)iz	bilmiyoruz	wir wissen nicht
siz	-siniz	bilmiyorsunuz	ihr wisst/Sie wissen nicht
onlar	-ler	bilmiyorlar	sie wissen nicht

vermemek	nicht geben	vermiyorum	ich gebe nicht
almamak	nicht nehmen	almıyorum	ich nehme nicht
görmemek	nicht sehen	görmüyorum	ich sehe nicht
sormamak	nicht fragen	sormuyorum	ich frage nicht
üşümemek	nicht frieren	üşümüyorum	ich friere nicht
dememek	nicht sagen	demiyorum	ich sage nicht

gitmek, etmek, tatmak (→ Seite 90):

gitme-mek	gitmiyorum	ich gehe nicht
etme-mek	etmiyorum	ich tue/mache nicht
tatma-mak	tatmıyorum	ich probiere nicht

Positive Frage
Verbstamm + -iyor + mi- + Personalendung
Beispiel: gelmek (kommen)

In der 3. Person Plural steht die Fragepartikel mi- nach der Personalendung.

Personal-pronomen	**Personal-endungen**	**positive Frage**	
ben	-(y)im	geliyor muyum?	komme ich?
sen	-sin	geliyor musun?	kommst du?
o	–	geliyor mu?	kommt er/sie?
biz	-(y)iz	geliyor muyuz?	kommen wir?
siz	-siniz	geliyor musunuz?	kommt ihr/ kommen Sie?
onlar	-ler	geliyorlar mı?	kommen sie?

bilmek	biliyor musun?	weißt du?
anlamak	anlıyor musun?	verstehst du?
üşümek	üşüyor musun?	frierst du?

gitmek, etmek, tatmak (→ Seite 90):

git-mek	gidiyor musun?	gehst du?
et-mek	ediyor musun?	machst/tust du?
tat-mak	tadıyor musun?	probierst du?

Negative Frage
Verbstamm + **-m(e)** + -iyor + mi- + Personalendung
Beispiel: yemek (essen)

Personal-pronomen	**Personal-endungen**	**negative Frage**	
ben	-(y)im	yemiyor muyum?	esse ich nicht?

Personalpronomen	Personalendungen	negative Frage	
sen	-sin	yemiyor musun?	isst du nicht?
o	–	yemiyor mu?	isst er/sie nicht?
biz	-(y)iz	yemiyor muyuz?	essen wir nicht?
siz	-siniz	yemiyor musunuz?	esst ihr/essen Sie nicht?
onlar	-ler	yemiyorlar mı?	essen sie nicht?

bilmek		bilmiyor musun?	weißt du nicht?
anlamak		anlamıyor musunuz?	verstehen Sie nicht?
üşümek		üşümüyor musun?	frierst du nicht?

gitmek, etmek, tatmak (→ Seite 90):

gitmemek		gitmiyor musun?	gehst du nicht?
yardım etmemek		yardım etmiyor musun?	hilfst du nicht?
tatmamak		tatmıyor musun?	probierst du nicht?

Gebrauch

Das Präsens bezeichnet

– Ereignisse in der Gegenwart:

Durakta bekliyorum.	Ich warte an der Haltestelle.
Otobüs gelmiyor.	Der Bus kommt nicht.
Ben tiyatroya gidiyorum. Sen de geliyor musun?	Ich gehe ins Theater. Kommst du auch mit?

– einen andauernden Zustand:

İstanbul'da oturuyorum.	Ich wohne (momentan) in Istanbul.
Burada tatil yapıyorum	Ich mache hier (momentan) Urlaub.

– zukünftige Handlungen mit Zeitangabe (anstelle des Futurs):

Annem yarın geliyor.	Meine Mutter kommt morgen.
Bir hafta sonra tatile gidiyorum.	Ich fahre in einer Woche in Urlaub.

– Handlungen, die sich regelmäßig wiederholen:

Her hafta pazara gidiyorum.	Ich gehe jede Woche auf den Wochenmarkt.
Her gün çalışıyorum.	Ich arbeite jeden Tag.

Das Futur

Futurendung: -ecek-
Personalpronomen der Gruppe I

Positive Aussage
Verbstamm + Futurendung -(y)ecek- + Personalendung
Beispiel: gitmek (gehen)

Personal-pronomen	Personal-endungen	positive Aussage	
ben	-(y)im	gideceğim	ich werde gehen
sen	-sin	gideceksin	du wirst gehen
o	–	gidecek	er/sie wird gehen
biz	-(y)iz	gideceğiz	wir werden gehen
siz	-siniz	gideceksiniz	ihr werdet/ Sie werden gehen
onlar	-ler	gidecekler	sie werden gehen

In der 1. Person Singular und Plural wird das k von -ecek- zu **ğ** erweicht. (→ Die Konsonantenharmonie, Seite 17 ff.)

gelmek	geleceğim	ich werde kommen
vermek	vereceğiz	wir werden geben
almak	alacağım	ich werde nehmen
uçmak	uçacağız	wir werden fliegen

Endet der Verbstamm auf einen Vokal, steht zwischen dem Verbstamm und -ecek- der Bindekonsonant y.

iste-mek	isteyecek	er/sie wird wollen
yaşa-mak	yaşayacak	er/sie wird leben

Negative Aussage

Verbstamm + -me- + -(y)ecek- + Personalendung

Beispiel: gelmek (kommen)

Personalpronomen	Personalendungen	negative Aussage	
ben	-(y)im	gelmeyeceğim	ich werde nicht kommen
sen	-sin	gelmeyeceksin	du wirst nicht kommen
o	–	gelmeyecek	er/sie wird nicht kommen
biz	-(y)iz	gelmeyeceğiz	wir werden nicht kommen
siz	-siniz	gelmeyeceksiniz	ihr werdet/Sie werden nicht kommen
onlar	-ler	gelmeyecekler	sie werden nicht kommen

sormak	sormayacağız	wir werden nicht fragen
uyumak	uyumayacağım	ich werde nicht schlafen
yemek	yemeyeceğim	ich werde nicht essen
içmek	içmeyeceğiz	wir werden nicht trinken

Positive Frage

Verbstamm + -ecek + mi- + Personalendung

Beispiel: vermek (geben)

Personalpronomen	Personalendungen	positive Frage	
ben	-(y)im	verecek miyim?	werde ich geben?
sen	-sin	verecek misin?	wirst du geben?

o	–	verecek mi?	wird er/sie geben?
biz	-(y)iz	verecek miyiz?	werden wir geben?
siz	-siniz	verecek misiniz?	werdet ihr/werden Sie geben?
onlar	-ler	verecekler mi?	werden sie geben?

unutmak		unutacak mıyım?	werde ich vergessen?
yapmak		yapacaklar mı?	werden sie machen?
demek		diyecek misin?	wirst du sagen?
yemek		yiyecek misin?	wirst du essen?

Negative Frage
Verbstamm + -me- + -(y)ecek + mi- + Personalendung
Beispiel: özlemek (sich sehnen)

Personalpronomen	**Personalendungen**	**negative Frage**	
ben	-(y)im	özlemeyecek miyim?	werde ich mich nicht sehnen?
sen	-sin	özlemeyecek misin?	wirst du dich nicht sehnen?
o	–	özlemeyecek mi?	wird er/sie sich nicht sehnen?
biz	-(y)iz	özlemeyecek miyiz?	werden wir uns nicht sehnen?
siz	-siniz	özlemeyecek misiniz?	werdet ihr euch/werden Sie sich nicht sehnen?
onlar	-ler	özlemeyecekler mi?	werden sie sich nicht sehnen?

çalışmak		çalışmayacak mısın?	wirst du nicht arbeiten?
tamamlamak		tamamlamayacak mıyım?	werde ich nicht vervollständigen?
doldurmak		doldurmayacak mıyım?	werde ich nicht ausfüllen?
yemek		yemeyecek misiniz?	werden Sie nicht essen?

Gebrauch
Das Futur bezeichnet Handlungen und Ereignisse, die in der Zukunft stattfinden.

İstanbul'a gideceğim. Orada bir konser vereceğim.	Ich werde nach Istanbul fahren. Ich werde dort ein Konzert geben.

Es kann auch zum Ausdruck einer Vermutung verwendet werden.

Sanırım, yakında fiyatlar düşecek. Sanırım o bu akşam gelecek.	Ich glaube, die Preise werden bald sinken. Ich glaube, er wird heute Abend kommen.

Auch bei ungenauen Zeitangaben wird das Futur verwendet.

İki üç yıl sonra döneceğim.	In zwei, drei Jahren werde ich zurückkehren.
Orada iki üç hafta kalacağım.	Ich werde dort zwei, drei Wochen bleiben.

Die unbestimmte Gegenwart

Endungen der unbestimmten Gegenwart: -ir-, -er-
Personalendungen der Gruppe I

Die unbestimmte Gegenwart wird verwendet, wenn die Handlung eine Gewohnheit, eine Regelmäßigkeit oder eine Möglichkeit darstellt.

Präsens	O ne yapıyor?	Was macht er/sie gerade?
unbestimmte Gegenwart	O ne yapar?	Was ist ihr Beruf?

Positive Aussage

Verbstamm + unbestimmte Gegenwartsendung -ir- oder -er- + Personalendung

Beispiel: bilmek (wissen)

Personal-pronomen	Personal-endungen	positive Aussage	
ben	-(y)im	bilirim	ich weiß
sen	-sin	bilirsin	du weißt
o	–	bilir	er/sie weiß
biz	-iz	biliriz	wir wissen
siz	-siniz	bilirsiniz	ihr wisst/Sie wissen
onlar	-ler	bilirler	sie wissen

Nach Verbstämmen, die auf einen Vokal enden, gebraucht man nur -r-, da i und e der Endungen -ir- und -er- entfallen:

Verbstamm + -r- + Personalendung

söyle-mek	söylerim	ich sage
iste-mek	isterim	ich möchte
ara-mak	ararım	ich suche
ye-mek	yerim	ich esse

Nach mehrsilbigen Verbstämmen, die auf einen Konsonanten enden, wird -ir- benutzt.

evlen-mek	evlenirim	ich heirate
anlat-mak	anlatırım	ich erzähle
konuş-mak	konuşurum	ich spreche
düşün-mek	düşünürüm	ich überlege

Nach einsilbigen Verbstämmen, die auf einen Konsonanten enden, wird -er- benutzt.

yap-mak	yaparım	ich mache
yüz-mek	yüzerim	ich schwimme
git-mek	giderim	ich gehe
telefon et-mek	telefon ederim	ich telefoniere
tat-mak	tadarım	ich probiere

Ausnahme: Bei folgenden Verben mit einsilbigen Verbstämmen wird die Endung -ir- benutzt.

almak	alırım	ich nehme
bilmek	bilirim	ich weiß
bulmak	bulurum	ich finde
durmak	dururum	ich stehe
gelmek	gelirim	ich komme
görmek	görürüm	ich sehe
kalmak	kalırım	ich bleibe
olmak	olurum	ich werde
ölmek	ölürüm	ich sterbe
sanmak	sanırım	ich glaube
varmak	varırım	ich komme an
vermek	veririm	ich gebe
vurmak	vururum	ich schlage

Negative Aussage

Verbstamm + Negationsendung -me- + -z- + Personalendung
Beispiel: sevmek (mögen)

Ausnahme: In der Negationsform ist die Endung der unbestimmten Gegenwart -z-. Die Endung -z- entfällt in der 1. Person Singular und Plural.

Personal-pronomen	**Personal-endungen**	**negative Aussage**	
ben	-(y)im	sevmem	ich mag nicht
sen	-sin	sevmezsin	du magst nicht
o	–	sevmez	er/sie mag nicht
biz	-(y)iz	sevmeyiz	wir mögen nicht
siz	-siniz	sevmezsiniz	ihr mögt/Sie mögen nicht
onlar	-ler	sevmezler	sie mögen nicht

	almamak (nicht nehmen)	istememek (nicht wollen)	yapmamak (nicht machen)
ben	almam	istemem	yapmam
sen	almazsın	istemezsin	yapmazsın
o	almaz	istemez	yapmaz

biz	almayız	istemeyiz	yapmayız
siz	almazsınız	istemezsiniz	yapmazsınız
onlar	almazlar	istemezler	yapmazlar

Positive Frage

Verbstamm + -ir oder -er + mi- + Personalendung
Beispiel: bilmek (wissen)

In der 3. Person Plural steht mi- nach der Personalendung.

Personal-pronomen	Personal-endungen	positive Frage	
ben	-(y)im	bilir miyim?	weiß ich?
sen	-sin	bilir misin?	weißt du?
o	–	bilir mi?	weiß er/sie?
biz	-(y)iz	bilir miyiz?	wissen wir?
siz	-siniz	bilir misiniz?	wisst ihr/wissen Sie?
onlar	-ler	bilirler mi?	wissen sie?

	vermek (geben)	almak (nehmen)	gelmek (kommen)	gitmek (gehen)
ben	verir miyim?	alır mıyım?	gelir miyim?	gider miyim?
sen	verir misin?	alır mısın?	gelir misin?	gider misin?
o	verir mi?	alır mı?	gelir mi?	gider mi?
biz	verir miyiz?	alır mıyız?	gelir miyiz?	gider miyiz?
siz	verir misiniz?	alır mısınız?	gelir misiniz?	gider misınız?
onlar	verirler mi?	alırlar mı?	gelirler mi?	giderler mi?

Negative Frage

Verbstamm + -me- + -z + mi- + Personalendung
Beispiel: içmek (trinken)

Personal-pronomen	Personal-endungen	negative Frage	
ben	-(y)im	içmez miyim?	trinke ich nicht?
sen	-sin	içmez misin?	trinkst du nicht?
o	–	içmez mi?	trinkt er/sie nicht?
biz	-(y)iz	içmez miyiz?	trinken wir nicht?
siz	-siniz	içmez misiniz?	trinkt ihr/trinken Sie nicht?
onlar	-ler	içmezler mi?	trinken sie nicht?

	sevmemek (nicht mögen)	yapmamak (nicht machen)	yememek (nicht essen)
ben	sevmez miyim?	yapmaz mıyım?	yemez miyim?
sen	sevmez misin?	yapmaz mısın?	yemez misin?
o	sevmez mi?	yapmaz mı?	yemez mi?
biz	sevmez miyiz?	yapmaz mıyız?	yemez miyiz?
siz	sevmez misiniz?	yapmaz mısınız?	yemez misiniz?
onlar	sevmezler mi?	yapmazlar mı?	yemezler mi?

Gebrauch

Die unbestimmte Gegenwart dient zur Wiedergabe von

– Gewohnheiten und regelmäßigen Handlungen:

Ayda bir sinemaya giderim.	Ich gehe einmal im Monat ins Kino.
Her akşam bir kadeh şarap içerim.	Ich trinke jeden Abend ein Glas Wein.

– höflichen Bitten und Aufforderungen:

Ne istersiniz?	Was möchten Sie?
Bir çay daha içer misiniz?	Möchten Sie noch einen Tee trinken?
Lütfen, buraya gelir misiniz?	Könnten Sie bitte hierherkommen?

– Fähigkeiten und Möglichkeiten:

O çok iyi gitar çalar.	Er/Sie spielt sehr gut Gitarre.
Ben iyi yemek yaparım.	Ich koche gut.
Sanırım, o da iyi yemek yapar.	Ich glaube, er/sie kocht auch gut.

– Absichten:

Yarın giderim.	Ich beabsichtige morgen zu gehen.
Onlara her şeyi söylerim.	Ich werde ihnen alles sagen.

Die Konditional-Wunschform

Konditional-Wunschformendung: -se-
Personalpronomen der Gruppe II

Positive Aussage

Verbstamm + -se- + Personalendung
Beispiel: gitmek (gehen)

Personal-pronomen	Personal-endungen	positive Aussage	
ben	-m	gitsem	wenn ich gehen würde
sen	-n	gitsen	wenn du gehen würdest
o	–	gitse	wenn er/sie gehen würde
biz	-k	gitsek	wenn wir gehen würden
siz	-niz	gitseniz	wenn ihr/Sie gehen würdet/würden
onlar	-ler	gitseler	wenn sie gehen würden

unutmak		unutsam	wenn ich vergessen würde
almak		alsan	wenn du nehmen würdest
söylemek		söylese	wenn er/sie sagen würde
vermek		versem	wenn ich geben würde

Negative Aussage

Verbstamm + -me- + -se- + Personalendung
Beispiel: gelmek (kommen)

Personal-pronomen	Personal-endungen	negative Aussage	
ben	-m	gitmesem	wenn ich nicht gehen würde

sen	-n	gitmesen	wenn du nicht gehen würdest
o	–	gitmese	wenn er/sie nicht gehen würde
biz	-k	gitmesek	wenn wir nicht gehen würden
siz	-niz	gitmeseniz	wenn ihr/Sie nicht gehen würdet/ würden
onlar	-ler	gitmeseler	wenn sie nicht gehen würden

çalışmak		çalışmasam	wenn ich nicht arbeiten würde
yapmak		yapmasa	wenn er nicht machen würde
gelmek		gelmesek	wenn wir nicht kommen würden
demek		demeseler	wenn sie nicht sagen würden

Positive Frage
Verbstamm + -se- + Personalendung + mi
Beispiel: demek (sagen)

Personalpronomen	Personalendungen	positive Frage	
ben	-m	desem mi?	sollte ich sagen?
sen	-n	desen mi?	solltest du sagen?
o	–	dese mi?	sollte er/sie sagen?
biz	-k	desek mi?	sollten wir sagen?
siz	-niz	deseniz mi?	solltet ihr/sollten Sie sagen?
onlar	-ler	deseler mi?	sollten sie sagen?

yemek		yesem mi?	sollte ich essen?
gitmek		gitsek mi?	sollten wir gehen?
çalışmak		çalışsam mı?	sollte ich vergessen?
yapmak		yapsak mı?	sollten wir machen?

Negative Frage
Verbstamm + -me- + -se- + Personalendung + mi
Beispiel: demek (sagen)

Personalpronomen	Personalendungen	negative Frage	
ben	-m	demesem mi?	sollte ich nicht sagen?
sen	-n	demesen mi?	solltest du nicht sagen?
o	–	demese mi?	sollte er/sie nicht sagen?
biz	-k	demesek mi?	sollten wir nicht sagen?
siz	-niz	demeseniz mi?	solltet ihr/sollten Sie nicht sagen?
onlar	-ler	demeseler mi?	sollten sie nicht sagen?

yemek		yemesem mi?	sollte ich nicht essen?
gitmek		gitmesek mi?	sollten wir nicht gehen?
çalışmak		çalışmasam mı?	sollte ich nicht arbeiten?
yapmak		yapmasak mı	sollten wir nicht machen?

Gebrauch
Die Konditional-Wunschform wird gebraucht

– zum Ausdruck von Wünschen und Aufforderungen.

Bugün bahçede kahvaltı yapsak! Biraz uzansanız!	Wir sollten heute im Garten frühstücken! Sie sollten sich eine Weile hinlegen!

Diese Form wird gebraucht beim **irrealen Wunschsatz**. Dieser wird häufig durch keşke (wenn doch) oder bari (wenigstens) verstärkt.

Keşke gelseler!	Wenn sie doch nur (endlich) kämen!

Bari bugün yağmur yağmasa!	Wenn es wenigstens heute nicht regnen würde.

– zum Ausdruck von Unentschlossenheit, wenn der Satz in der Frageform steht.

Gitsem mi, beklesem mi? Doktora gitsem mi?	Sollte ich gehen oder warten? Sollte ich zum Arzt gehen?

– bei irrealen Bedingungssätzen. Steht der Nachsatz in der unbestimmten Gegenwart, wird die Bedingung noch als realisierbar betrachtet.

Çabuk yürüsek, trene yetişiriz.	Wenn wir schnell laufen würden, erreichen wir den Zug.

Steht der Nachsatz in der erweiterten unbestimmten Gegenwart, wird die Bedingung schon als nicht mehr realisierbar angesehen.

Çabuk yürüsek, trene yetişirdik.	Wenn wir schnell laufen würden, würden wir den Zug erreichen.

Der Optativ (Wunschform)

Optativendung: -(y)e-
Personalendungen der Gruppe I

Positive Aussage
Verbstamm + -(y)e- + Personalendung
Beispiel: gelmek (geben)

Die 1. Person Plural hat im Optativ eine eigene Endung: -lim.

Personal-pronomen	Personal-endungen	positive Aussage	
ben	-(y)im	geleyim	ich will kommen
sen	-sin	gelesin	du willst kommen
o	–	gele	er/sie will kommen

Personal-pronomen	Personal-endungen	positive Aussage	
biz	-lim	gelelim	wir wollen kommen
siz	-siniz	gelesiniz	ihr wollt/Sie wollen kommen
onlar	-ler	geleler	sie wollen kommen

Der Optativ ist fast außer Gebrauch. Im heutigen Türkisch werden anstelle der Optativformen Befehls- und Aufforderungsformen verwendet. Den Optativ benutzt man nur noch in der 1. Person Singular und Plural. (→ Der Imperativ, Seite 120 ff.)

	positive Aussage	negative Aussage	positive Frage	negative Frage
ben	gideyim ich will gehen	gitmeyeyim ich will nicht gehen	gideyim mi? soll ich gehen?	gitmeyeyim mi? soll ich nicht gehen?
biz	gidelim wir wollen gehen	gitmeyelim wir wollen nicht gehen	gidelim mi? wollen wir gehen?	gitmeyelim mi? wollen wir nicht gehen?

Ich-Form

Bodrum'a gideyim.	Ich will nach Bodrum fahren. (Lass mich nach Bodrum fahren.)
Bodrum'a gideyim mi, gitmeyeyim mi?	Soll ich nach Bodrum fahren oder nicht?

Wir-Form

Bodrum'a gidelim.	Fahren wir nach Bodrum. (Lasst uns nach Bodrum fahren.)
Bodrum'a gidelim mi?	Fahren wir nach Bodrum? (Wollen wir nach Bodrum fahren?)

Die Notwendigkeitsform

Notwendigkeitsendung: -meli-
Personalpronomen der Gruppe I

Positive Aussage

Verbstamm + -meli- + Personalendung
Beispiel: vermek (geben)

Personal-pronomen	Personal-endungen	positive Aussage	
ben	-(y)im	vermeliyim	ich muss/soll geben
sen	-sin	vermelisin	du musst/sollst geben
o	–	vermeli	er/sie muss/soll geben
biz	-(y)iz	vermeliyiz	wir müssen/sollen geben
siz	-siniz	vermelisiniz	ihr müsst/sollt/ Sie müssen/sollen geben
onlar	-ler	vermeliler	sie müssen/sollen geben

almak		almalıyım	ich muss/soll nehmen
aramak		aramalısın	du musst/sollst suchen
beklemek		beklemeliyiz	wir müssen/sollen warten
yemek		yemeli	er muss/soll essen

Negative Aussage

Verbstamm + -me- + -meli- + Personalendung
Beispiel: yemek (essen)

Personal-pronomen	Personal-endungen	negative Aussage	
ben	-(y)im	yememeliyim	ich darf nicht essen
sen	-sin	yememelisin	du darfst nicht essen
o	–	yememeli	er/sie darf nicht essen
biz	-(y)iz	yememeliyiz	wir dürfen nicht essen
siz	-siniz	yememelisiniz	ihr dürft/Sie dürfen nicht essen
onlar	-ler	yememeliler	sie dürfen nicht essen

yapmak		yapmamalıyım	ich darf nicht machen
almak		almamalısın	du darfst nicht nehmen
gitmek		gitmemeliyiz	wir dürfen nicht gehen
demek		dememeli	er/sie darf nicht sagen

Positive Frage

Verbstamm + -meli + mi- + Personalendung

Beispiel: denemek (ausprobieren)

Personal-pronomen	Personal-endungen	positive Frage	
ben	-(y)im	denemeli miyim?	muss/soll ich ausprobieren?
sen	-sin	denemeli misin?	musst/sollst du ausprobieren?
o	–	denemeli mi?	muss/soll er/sie ausprobieren?
biz	-(y)iz	denemeli miyiz?	müssen/sollen wir ausprobieren?
siz	-siniz	denemeli misiniz?	müsst/sollt ihr / müssen/sollen Sie ausprobieren?
onlar	-ler	denemeliler mi?	müssen/sollen sie ausprobieren?

tatmak		tatmalı mıyım	muss/soll ich probieren?
kilitlemek		kilitlemeli miyım?	muss/soll ich abschließen?
beklemek		beklemeli miyiz?	müssen/sollen wir warten?
bitirmek		bitirmeli miyim?	muss/soll ich beenden?

Negative Frage
Verbstamm + -me- + -meli + mi- + Personalendung
Beispiel: söylemek (sagen)

Personalpronomen	Personalendungen	negative Frage	
ben	-(y)im	söylememeli miyim?	darf ich nicht sagen?
sen	-sin	söylememeli misin?	darfst du nicht sagen?
o	–	söylememeli mi?	darf er/sie nicht sagen?
biz	-(y)iz	söylememeli miyiz?	dürfen wir nicht sagen?
siz	-siniz	söylememeli misiniz?	dürft ihr/dürfen Sie nicht sagen?
onlar	-ler	söylememeliler mi?	dürfen sie nicht sagen?

yapmak	yapmamalı mıyım?	darf ich nicht machen?
inanmak	inanmamalı mıyım?	darf ich nicht glauben?
tartışmak	tartışmamalı mıyiz?	dürfen wir nicht diskutieren?
gülmek	gülmemeli miyim?	darf ich nicht lachen?

Gebrauch
Die Notwendigkeitsform drückt allgemein eine Aufgabe oder eine Verpflichtung aus, die im Deutschen mit „müssen" oder „sollen" wiedergegeben wird.

İşe gitmeliyim.	Ich muss zur Arbeit gehen.
Tatil yapmalıyım.	Ich muss Urlaub machen.
Telefon etmeliyim.	Ich muss telefonieren.
Saat kaçta kalkmalıyız?	Um wie viel Uhr sollen wir aufstehen?
Yarın gelmeli miyim?	Soll ich morgen kommen?

Die verneinte Notwendigkeitsform kann im Deutschen mit „nicht dürfen" oder „nicht sollen" wiedergegeben werden.

Çok yememeliyim.	Ich darf nicht viel essen.
Güneşte fazla kalmamalıyım.	Ich soll nicht lange in der Sonne bleiben.

Der Imperativ

Der Imperativ drückt einen Befehl, ein Verbot oder einen Wunsch aus. Im Türkischen haben Imperativformen eigene Personalendungen. In der 1. Person Singular und Plural gibt es keine Imperativform. Abweichend vom Deutschen gibt es allerdings Imperativformen für die 3. Person Singular und Plural, die sich meist auf nicht anwesende Personen beziehen. Die Imperativform für die 2. Person Singular ist der Verbstamm. Der Imperativ für die 2. Person Plural wird auch als Höflichkeitsform benutzt.

Endungen für den Imperativ

	Singular	Plural
2. Person	–	-(y)in/-(y)iniz
3. Person	-sin	-sinler

Beispiel: beklemek (warten)

	Singular	Plural		
2. Person	bekle!	bekleyin! bekleyiniz!	warte!	wartet!/ warten Sie!
3. Person	beklesin!	beklesinler!	er/sie soll warten	sie sollen warten

gitmek (gehen)

git!	geh!
gidin!/gidiniz!	geht!
gidin!/gidiniz!	gehen Sie!

Negation
Beispiel: gelmemek (nicht kommen)

	Singular	Plural und Höflichkeitsform		
2. Person	gelme!	gelmeyin!/ gelmeyiniz!	komm nicht!	kommt nicht!/ kommen Sie nicht!
3. Person	gelmesin!	gelmesinler!	er/sie soll nicht kommen	sie sollen nicht kommen

Beni bekle!	Warte auf mich!
Lütfen beni bekleyin! / Lütfen beni bekleyiniz!	Bitte warten Sie auf mich!
Lütfen bekleyin! / Lütfen bekleyiniz!	Bitte wartet!
Bugün git yarın gel!	Geh heute, komm morgen zurück!
Sakin ol! / Sakin olun lütfen!	Sei bitte ruhig! / Seien Sie bitte ruhig!
Kızma!	Ärgere dich nicht!
Beni kızdırma!	Ärgere mich nicht!
Beni sinirlendirme!	Nerv mich nicht!
Karışma!	Misch dich nicht ein!
Çeneni kapat!	Halt den Mund!
Sus!	Sei still!
Lütfen çiçeklere basmayınız!	Bitte die Beete nicht betreten!
Emniyet kemerlerinizi bağlayınız!	Legen Sie den Sicherheitsgurt an!

Imperativformen können nicht erweitert werden und keine Frageformen bilden. Die 3. Person Singular und Plural können zwar Frageformen bilden, sie sind dann aber keine Imperativformen mehr.

positive Frage	negative Frage		
gelsin mi?	gelmesin mi?	soll er/sie kommen?	soll er/sie nicht kommen?
gelsinler mi?	gelmesinler mi?	sollen sie kommen?	sollen sie nicht kommen?

positive Frage	negative Frage		
başlasın mı?	başlamasın mı?	soll er/sie anfangen?	soll er/sie nicht anfangen?
başlasınlar mı?	başlamasınlar mı?	sollen sie anfangen?	sollen sie nicht anfangen?

Erweiterte Verbformen

Mit der Endung -di oder -miş erweiterte Verbformen

Bildung

Es gibt im Türkischen erweiterte Verbformen, die im Deutschen nicht existieren. Die Grundformen eines Verbs können mit den Vergangenheitsendungen -di oder -miş erweitert werden. Die Erweiterung erfolgt immer nach demselben Schema:

Verbstamm + Zeit- oder Modusendung + -(y)di oder -(y)miş + Personalendung

Beispiel:
gelmek (kommen) in der 3. Person Singular

	Grundform 3. Person Singular	erweiterte Form mit -di	erweiterte Form mit -miş
-di-Vergangenheit	geldi	geldiydi	–
-miş-Vergangenheit	gelmiş	gelmişti	gelmişmiş
Präsens	geliyor	geliyordu	geliyormuş
Futur	gelecek	gelecekti	gelecekmiş
unbestimmte Gegenwart	gelir	gelirdi	gelirmiş
Konditional-Wunschform	gelse	gelseydi	gelseymiş
Optativ	gele	geleydi	geleymiş
Notwendigkeitsform	gelmeli	gelmeliydi	gelmeliymiş

Nur die -di-Vergangenheit bildet keine erweiterten Formen mit -miş.

Durch die Erweiterung mit -di und -miş wird die Zeit oder der Modus in die Vergangenheit versetzt. Dadurch wird auch der Standort des Sprechenden/Schreibenden in die Vergangenheit versetzt. Der Sprechende/Schreibende erzählt also aus der Perspektive der Vergangenheit.

der Standort ist in der Gegenwart	Grundform	der Standort ist in der Vergangenheit	erweiterte Form
-di-Vergangenheit	geldi	-di-Vergangenheit in der Vergangenheit	geldiy**di**
Präsens	geliyor	Präsens in der Vergangenheit	geliyor**du**
Futur	gelecek	Futur in der Vergangenheit	gelecek**ti**

Gebrauch

Die mit -di oder -miş erweiterten Verbformen werden häufig in der Schriftsprache oder in Erzählungen benutzt. Wenn jemand etwas erzählt, das er selbst nicht erlebt hat und nur vom Hörensagen weiß, benutzt er die erweiterten Verbformen mit -miş. Wenn er aber etwas selbst erlebt hat, dann benutzt er die erweiterten Verbformen mit -di. Der Sprechende/Schreibende kann beliebig seinen Standort ändern. So kann er einen Perspektivewechsel zwischen Gegenwart und Vergangenheit vollziehen.

Bir olay: A eve gidiyor, yolda B'yi görüyor. B sirke gidiyor.	**Ein Ereignis:** A geht nach Hause und sieht unterwegs B. B geht zum Zirkus.
A olayı bana anlatıyor: Eve gidiyor**du**m. Yolda B'yi gördüm. B sirke gidiyordu.	**A erzählt mir von diesem Ereignis:** Ich ging nach Hause. Unterwegs sah ich B. B ging zum Zirkus.
Ben C'ye anlatıyorum: A yolda B'yi görmüş. B sirke gidiyormuş.	**Ich erzähle C, was ich von A gehört habe:** A soll unterwegs B gesehen haben. B war angeblich zum Zirkus unterwegs.

Weitere Beispiele:

Hatırlıyor musun? O zamanlar babam bize geldiydi.	Erinnerst du dich? Damals war mein Vater zu uns gekommen.
Anımsıyor musun? Yıllarca önce Bodrum'a gitmiştik.	Erinnerst du dich? Vor Jahren waren wir nach Bodrum gefahren.
Aslında Trabzon'a gidecektik, ama olmadı.	Urspünglich wollten wir nach Trabzon fahren, aber es hat nicht geklappt.
Eskiden çok kar yağardı.	Früher schneite es viel.
Trenle gitmeliydik.	Wir sollten mit dem Zug fahren.

Mit der Konditionalendung -se- erweiterte Verbformen (Konditionalformen)

Bildung

Konditionalformen werden durch Erweiterung der Zeitendungen mit der Konditionalendung -se- gebildet:

Verbstamm + Zeitendungen + -se- + Personalendung

Beispiel: gelmek (kommen) in der 3. Person Singular

	Grundform 3. Person Singular	**erweiterte Form mit -(y)se-**		
-di-Vergangenheit	geldi	geldiyse	er kam/ist gekommen	wenn er gekommen wäre
-miş-Vergangenheit	gelmiş	gelmişse	er soll gekommen sein	wenn er gekommen sein sollte
Präsens	geliyor	geliyorsa	er kommt	wenn er kommt
Futur	gelecek	gelecekse	er wird kommen	wenn er kommen wird/sollte
unbestimmte Gegenwart	gelir	gelirse	er kommt (gewöhnlich)	wenn er (gewöhnlich) kommt

Konditional-Wunschform, Optativ und Notwendigkeitsform bilden keine Konditionalformen.

Gebrauch

Konditionalformen werden oft für **reale Bedingungssätze** benutzt. Wenn man einen Sachverhalt zur Bedingung machen möchte, dann verwendet man die Konditionalendung -se-.

Sevdiyseniz alın.	Wenn es Ihnen gefallen sollte, nehmen Sie es.
Paket gelmişse bana getirin.	Wenn das Paket angekommen sein sollte, bringen Sie es zu mir.
Trenle gideceksek yer ayırtalım.	Wenn wir mit dem Zug fahren sollten, müssten wir reservieren.
Peşin ödeyecekseniz, bir indirim yaparız.	Wenn Sie bar bezahlen, machen wir eine Ermäßigung.
Ucuz bir şey bulursam, alacağim.	Wenn ich etwas Billiges finde, werde ich es kaufen.

Die Handlungsformen des Verbs

Die Handlungsformen eines Verbs werden im Türkischen durch Anhängen bestimmter Endungen an den Verbstamm gebildet. So kann man von einem einfachen Verb neue Verben ableiten:

Grundform einfaches Verb	**çekmek**	**ziehen**	**yapmak**	**machen**
Passivform mit -il-	çekilmek	gezogen	yapılmak werden	gemacht werden
Reflexivform mit -in- (rückbezüglich)	çekinmek	sich zurückhalten	yapınmak	sich machen
Reziprokform mit -iş- (wechselbezüglich)	çekişmek	gegenseitig ziehen	yapışmak	kleben
Kausativform mit -dir- = Veranlassungsform (lassen + Infinitiv)	çektirmek	ziehen lassen	yaptırmak	machen lassen

Meist stehen die Handlungsformen eines Verbs im Wörterbuch. Unabhängig davon kann man aus jedem Verb mithilfe der Endungen -il-, -in-, -iş- und -dir- neue Verbformen bilden. Manche von ihnen sind vom Sinn her ungebräuchlich, aber in der Regel kann man auf diese Art sinnvolle Konstruktionen ableiten.

Die Passivform

Bildung:
Wenn der Verbstamm auf einen Konsonanten (außer auf l wie in bilmek) endet, dann bildet man die Passivform mit der Endung -il-:
Verbstamm + -il- + Infinitivendung

vermek satmak	geben verkaufen	verilmek satılmak	gegeben werden verkauft werden

Paketi postaya verdim.	Ich habe das Paket auf die Post gegeben.	Paket postaya verildi.	Das Paket wurde auf die Post gegeben.
Evi sattım.	Ich habe das Haus verkauft.	Ev satıldı.	Das Haus wurde verkauft.

Wenn der Verbstamm auf l oder auf einen Vokal endet, dann wird die Passivform mit der Endung -in- gebildet:

Passivform mit -in-: Verbstamm + -in- + Infinitivendung

silmek almak	löschen erhalten	silinmek alınmak	gelöscht werden erhalten werden

Dosyayı sildim.	Ich habe die Datei gelöscht.	Dosya silindi.	Die Datei wurde gelöscht.
Mektubu aldım.	Ich habe den Brief erhalten.	Mektub alındı.	Der Brief wurde erhalten.

Endet der Verbstamm auf einen Vokal, dann fällt das i der Endung -in- weg.

ütülemek boyamak	bügeln anmalen	ütülenmek boyanmak	gebügelt werden angemalt werden

Pantolonu ütüledim.	Ich habe die Hose gebügelt.	Pantolon ütülendi.	Die Hose wurde gebügelt.
O duvarı boyadı.	Er hat die Wand angemalt.	Duvar boyandı.	Die Wand wurde angemalt.

Die Reflexivform

Bildung:
Verbstamm + -in- + Infinitivendung

sevmek soymak	gerne tun schälen	sevinmek soyunmak	sich freuen sich ausziehen

Endet der Verbstamm auf einen Vokal, dann fällt das i der Endung -in- weg.

korumak yıkamak	schützen waschen	korunmak yıkanmak	sich schützen sich waschen

Şarap içmeyi seviyorum.	Ich trinke gern Wein.	Bu habere çok sevindim.	Ich habe mich auf diese Nachricht sehr gefreut.
O patatesleri soydu.	Er hat die Kartoffeln geschält.	O soyundu ve yattı.	Er hat sich ausgezogen und ist ins Bett gegangen.
Doğayı koruma-lıyız.	Wir müssen die Natur schützen.	Gripten korunma-lıyız.	Wir müssen uns vor Grippe schützen.

Bei Verben, deren Verbstämme auf l oder auf Vokal enden, sind Passiv- und Reflexivformen gleich. Ihre Bedeutung (passivisch oder reflexivisch) wird erst durch den Kontext klar.

alınmak yıkanmak	erhalten werden gewaschen werden	etwas auf sich beziehen sich waschen

Mektup alındı.	Der Brief wurde erhalten.	Üstüne alınma!	Das sollst du nicht auf dich beziehen!

Kirli çamaşır yıkandı.	Schmutzige Wäsche wurde gewaschen.	Her gün yıkanıyorum.	Ich wasche mich jeden Tag.

Die Reziprokform

Bildung:
Verbstamm + -iş- + Infinitivendung

Die Reziprokform eines Verbs drückt oft eine wechselseitige Beziehung von zwei oder mehreren Subjekten aus, die im Deutschen mit „einander", „miteinander", „gegeneinander" oder „sich" wiedergegeben wird.

bakmak	ansehen	bakışmak	sich gegenseitig ansehen
sevmek	lieben/gern haben/gern tun	sevişmek	einander lieben/gern haben
bulmak	finden	buluşmak	sich treffen
bölmek	teilen	bölüşmek	unter sich aufteilen

Endet der Verbstamm auf einen Vokal, dann fällt das i der Endung -iş- weg.

karşılamak	empfangen/abholen	karşılaşmak	begegnen
söylemek	reden	söyleşmek	miteinander reden

Die Kausativform

Bildung:
Verbstamm + -dir- + Infinitivendung

Die Kausativform eines Verbs drückt eine Handlung aus, die durch das Subjekt veranlasst wird. Im Deutschen werden kausative Handlungsformen oft mit dem Verb „lassen" gebildet, wie z. B. „machen lassen". Im Türkischen wird die Kausativform eines Verbs meist durch die Endung -dir- gebildet.

yapmak	machen	yaptırmak	machen lassen
dikmek	nähen	diktirmek	nähen lassen
tamir etmek	reparieren	tamir ettirmek	reparieren lassen
uyanmak	aufwachen	uyandırmak	aufwecken
inanmak	glauben	inandırmak	überzeugen
sönmek	erlöschen	söndürmek	auslöschen

Kendime bir Manto diktirdim.	Ich habe mir einen Mantel nähen lassen.
Kendime bir ev yaptırıyorum.	Ich lasse mir ein Haus bauen lassen.
Bisikletimi tamir ettirdim.	Ich habe mein Fahrrad reparieren lassen.

Konjugationstabellen

Bildung der Grundformen:
Verbstamm + Zeit- oder Modusendung + Personalendung

Bildung der erweiterten Formen:
mit -di Verbstamm + Zeit- oder Modusendung + -di + Personalendung
mit -miş Verbstamm + Zeit- oder Modusendung + -miş + Personalendung
mit -se Verbstamm + Zeit- oder Modusendung + -se + Personalendung

-di-Vergangenheit: Endung -di-

	Grundformen	**erweiterte Formen**		
		mit -di	**mit -miş**	**mit -se**
ben	bildim	bildiydim		bildiysem
sen	bildin	bildiydin		bildiysen
o	bildi	bildiydi		bildiyse
biz	bildik	bildiydik		bildiysek
siz	bildiniz	bildidiyniz		bildiyseniz
onlar	bidiler	bildiydiler		bildiyseler

-miş-Vergangenheit: Endung -miş-

	Grundformen	erweiterte Formen		
		mit -di	mit -miş	mit -se
ben	bilmişim	bilmiştim	bilmişmişim	bilmişsem
sen	bilmişsin	bilmiştin	bilmişmişsin	bilmişsen
o	bilmiş	bilmişti	bilmişmiş	bilmişse
biz	bilmişiz	bilmiştik	bilmişmişiz	bilmişsek
siz	bilmişsiniz	bilmiştiniz	bilmişmişsiniz	bilmişseniz
onlar	bilmişler	bilmiştiler	bilmişmişler	bilmişseler

Präsens: Endung -iyor-

	Grundformen	erweiterte Formen		
		mit -di	mit -miş	mit -se
ben	biliyorum	biliyordum	biliyormuşum	biliyorsam
sen	biliyorsun	biliyordun	biliyormuşsun	biliyorsan
o	biliyor	biliyordu	biliyormuş	biliyorsa
biz	biliyoruz	biliyorduk	biliyormuşuz	biliyorsak
siz	biliyorsunuz	biliyordunuz	biliyormuşunuz	biliyorsanız
onlar	biliyorlar	biliyordular	biliyormuşlar	biliyorsalar

Futur: Endung -(y)ecek-

	Grundformen	erweiterte Formen		
		mit -di	mit -miş	mit -se
ben	bileceğim	bilecektim	bilecekmişim	bileceksem
sen	bileceksin	bilecektin	bilecekmişsin	bileceksen
o	bilecek	bilecekti	bilecekmiş	bilecekse
biz	bileceğiz	bilecektik	bilecekmişiz	bileceksek
siz	bileceksiniz	bilecektiniz	bilecekmişsiniz	bilecekseniz
onlar	bilecekler	bilecektiler	bilecekmişler	bilecekler

Unbestimmte Gegenwart: Endung -er-/-ir-

	Grundformen	erweiterte Formen		
		mit -di	mit -miş	mit -se
ben	bilirim	bilirdim	bilirmişim	bilirsem
sen	bilirsin	bilirdin	bilirmişsin	bilirsen
o	bilir	bilirdi	bilirmiş	bilirse
biz	biliriz	bilirdik	bilirmişiz	bilirsek
siz	bilirsiniz	bilirdiniz	bilirmişsiniz	bilirseniz
onlar	bilirler	bilirdiler	bilirmişler	bilirseler

Konditional-Wunschform: Endung -se-

	Grundformen	erweiterte Formen		
		mit -di	mit -miş	mit -se
ben	bilsem	bilseydim	bilseymişim	
sen	bilsen	bilseydin	bilseymişsin	
o	bilse	bilseydi	bilseymiş	
biz	bilsek	bilseydik	bilseymişiz	
siz	bilseniz	bilseydiniz	bilseymişsiniz	
onlar	bilseler	bilseydiler	bilseymişler	

Optativ: Endung -e-

	Grundformen	erweiterte Formen		
		mit -di	mit -miş	mit -se
ben	bileyim	bileydim	bileymişim	
sen	bilesin	bileydin	bileymişsin	
o	bile	bileydi	bileymiş	
biz	bilelim	bileydik	bileymişiz	
siz	bilesiniz	bileydiniz	bileymişsiniz	
onlar	bileler	bileydiler	bileymişler	

Notwendigkeitsform: Endung -meli-

	Grundformen	erweiterte Formen		
		mit -di	mit -miş	mit -se
ben	bilmeliyim	bilmeliydim	bilmeliymişim	
sen	bilmelisin	bilmeliydin	bilmeliymişsin	
o	bilmeli	bilmeliydi	bilmeliymiş	
biz	bilmeliyiz	bilmeliydik	bilmeliymişiz	
siz	bilmelisiniz	bilmeliydiniz	bilmeliymişsiniz	
onlar	bilmeliler	bilmeliydiler	meliymişler	

Das Verb *imek*

Wiedergabe des Verbs „sein“

Was durch das Verb imek im Türkischen ausgedrückt wird, wird im Deutschen mit dem Hilfsverb „sein“ folgendermaßen wiedergegeben:

Prädikativ mit imek → Prädikativ mit **sein**

Film enteresan idi.	Der Film **war interessant**.

Das Prädikativ enteresan bildet mit idi, der Vergangenheitsform von imek, das Prädikat des Satzes.

Das Prädikativ kann ein Adjektiv wie enteresan, aber auch ein Substantiv, ein adjektivisch gebrauchtes Partizip, ein Pronomen oder ein Adverb sein.

Ben memur idim.	Ich **war Angestellter**.
Yaz geçmiş idi.	Der Sommer **war vorbei**.
Ev burada idi.	Das Haus **war hier**.

Konjugation und Gebrauch

Die vier Formen von imek
Mit dem Verb imek kann man nur drei Zeitformen und eine Konditionalform bilden:
-di-Vergangenheit, -miş-Vergangenheit, Präsens, Konditional

Vergangenheits- und Konditionalformen von imek
-di-Vergangenheit:
Verbstamm + -di- + Personalendungen Gruppe II

-miş-Vergangenheit:
Verbstamm + -miş- + Personalendungen Gruppe I

Konditional:
Verbstamm + -se- + Personalendungen Gruppe II

	-di-Vergangenheit	-miş-Vergangenheit	Konditional mit -se
ben	idim	imişim	isem
sen	idin	imişsin	isen
o	idi	imiş	ise
biz	idik	imişiz	isek
siz	idiniz	imişsiniz	iseniz
onlar	idiler	imişler	iseler

Ben zengin idim.	Ich war reich.
Onlar zengin imişler.	Sie sollen reich gewesen sein.
Sen zengin isen ...	Wenn du reich bist ...

Die Grundformen von imek wie idi, imiş, ise werden selten getrennt vom Prädikativ verwendet, in der Regel werden sie als Endung an das Prädikativ angehängt und zusammen geschrieben und gesprochen. Dabei entfällt der Verbstamm i.

Prädikativ + -(y)di-, -(y)miş- oder -(y)se- + Personalendung

Ben zengindim.	Ich war reich.
Onlar zenginmişler.	Sie sollen reich gewesen sein.
Sen zenginsen ...	Wenn du reich bist ...

Wenn das Prädikativ auf einen Vokal endet, dann wird es mit dem Bindekonsonant y verbunden.

Ben evde idim.	Evdeydim.	Ich war zu Hause.
Onlar evde imişler.	Evdeymişler.	Sie sollen zu Hause gewesen sein.
Sen evde isen ...	Evdeysen ...	Wenn du zu Hause bist ...

Präsens von imek

Das Präsens von imek bildet eine Ausnahme: Der Verbstamm und die Zeitendung treten im Präsens nicht auf bzw. sind nicht sichtbar. In der Präsensform erhält das Prädikativ nur die Personalendungen.

Präsens:
Prädikativ + Personalendung Gruppe I

	Personalendungen Gruppe I	
ben	-(y)im	zenginim
sen	-sin	zenginsin
o	–	zengin
biz	-(y)iz	zenginiz
siz	-siniz	zenginsiniz
onlar	-ler	zenginler

Ben çalışkanım.	Ich bin fleißig.
Sen gençsin ...	Wenn du jung bist ...
Onlar yorgunlar.	Sie sind müde.

Wenn das Prädikativ auf einen Vokal endet, dann wird es mit dem Bindekonsonant y verbunden.

Evdeyim.	Ich bin zu Hause.
Evdesin.	Du bist zu Hause.
Evdeler.	Sie sind zu Hause.

Negation

Die Verneinung wird bei imek durch das Verneinungswort değil (nicht) gebildet. Değil steht unverändert nach dem Prädikativ und wird getrennt geschrieben, die Endungen werden an değil angehängt:

Prädikativ + değil + Zeit- oder Konditionalendung

Evde değildim.	Ich war nicht zu Hause.
Orada değilmişler.	Sie sollen nicht dort gewesen sein.
Memur değil.	Er ist kein Angestellter.
Hasta değilseniz ...	Wenn Sie nicht krank sind ...

Frageformen
Die Frageform wird mit der Fragepartikel mi- gebildet. Konditionalformen bilden keine Frageformen mit mi-.

Positive Frage:
Die Fragepartikel mi- steht direkt nach dem Prädikativ und erhält Endungen je nach der Person:

Prädikativ + mi- + -(y)- + Zeit- oder Konditionalendung

Evde miydin?	Warst du zu Hause?
Otelde miymişler?	Sollen sie im Hotel gewesen sein?
Evli misin?	Bist du verheiratet?

Negative Frage:
Bei der negativen Frage steht die Fragepartikel mi- nach değil und erhält Endungen je nach der Person:

Prädikativ + değil +mi + (y) + Zeit- oder Konditionalendung

Evde değil miydin?	Warst du nicht zu Hause?
Orada değil miymişler?	Sollen sie nicht dort gewesen sein?
Memur değil misin?	Bist du nicht Angestellter?

Musterkonjugation
Beispiel: evli (verheiratet)

	-di- Vergangenheit	**-miş- Vergangenheit**	**Konditional mit -se-**	**Präsens**
ben	evliydim	evliymişim	evliysem	evliyim
sen	evliydin	evliymişsin	evliysen	evlisin
o	evliydi	evliymiş	evliyse	evli
biz	evliydik	evliymişiz	evliysek	evliyiz
siz	evliydiniz	evliymişsiniz	evliyseniz	evlisiniz
onlar	evliydiler	evliymişler	evliyseler	evliler

Gebrauch der Endung -dir

Es gibt keine unbestimmte Gegenwartsform von imek, stattdessen wird die Endung -dir an die Präsensformen angehängt.

Die Endung -dir erfüllt die Funktionen der unbestimmten Gegenwart und gibt dem Prädikat eine gewisse Nuance: Allgemeingültigkeit, Sicherheit oder Wahrscheinlichkeit.

	Präsens		**Präsens + -dir**	
ben	tembelim	ich bin faul	tembelimdir	ich bin (immer) faul
sen	tembelsin	du bist faul	tembelsindir	du bist (immer) faul
o	tembel	er/sie ist faul	tembeldir	er/sie ist (immer) faul
biz	tembeliz	wir sind faul	tembelizdir	wir sind (immer) faul
siz	tembelsiniz	ihr seid/ Sie sind faul	tembelsinizdir	ihr seid/Sie sind (immer) faul
onlar	tembeller	sie sind faul	tembeldirler	sie sind (immer) faul

Iki kere iki dörttür.	Zwei Mal zwei ist vier.
Sanırım, o mutludur.	Ich glaube, er/sie ist glücklich.
Onlar pahalıdır.	Sie sind (wahrscheinlich) teuer.
O neşelidir.	Sie ist (immer) lustig.
Tren gelmiştir.	Der Zug ist (sicher) angekommen.
Bakan buraya gelecektir.	Der Minister wird (sicher) kommen.

Var und *yok* als Prädikativ

Die Wiedergabe von „es gibt …“ und „es gibt nicht …“

Die Wörter var (vorhanden, existent) und yok (nicht vorhanden, nicht existent) als Prädikativ bilden Sätze, die im Deutschen mit „es gibt …“ bzw. „es gibt nicht …“ wiedergegeben werden können.

Bugün televizyonda ne var?	Was gibt es heute im Fernsehen?
Polisiye film var.	Es gibt einen Krimi.
Eğlence programı var mı?	Gibt es ein Unterhaltungsprogramm?
Yok.	Gibt es nicht.

Var und yok als Prädikativ bilden alle Formen mit imek. Die Formen der 3. Person Singular sind sehr gebräuchlich.

Formen der 3. Person Singular:

	positive Aussage	negative Aussage	positive Frage	negative Frage
-di-Vergangenheit	vardı es gab	yoktu es gab kein ...	var mıydı? gab es ...?	yok muydu? gab es kein ...?
-miş-Vergangenheit	varmış es soll ... gegeben haben	yokmuş es soll kein ... gegeben haben	var mıymış? soll es ... gegeben haben?	yok muymuş? soll es kein ... gegeben haben?
Konditional mit -se	varsa wenn es ... gibt	yoksa wenn es ... nicht gibt	–	–
Präsens	var es gibt ...	yok es gibt nicht ...	var mı? gibt es ...?	yok mu? gibt es nicht ...?

Dün et vardı.	Es gab gestern Fleisch.
Bu akşam ne var?	Was gibt es heute Abend?
Bu akşam balık var.	Es gibt heute Abend Fisch.
Bu akşam balık varmış.	Es soll heute Abend Fisch gegeben haben.
Balık varsa, lokantaya gidelim.	Wenn es Fisch gibt, gehen wir ins Restaurant.
Eskiden burada bir balık lokantası yoktu.	Damals gab es hier kein Fischrestaurant.

Ne var? Herhangi bir problem var mı? Problem yok.	Was gibt es? Gibt es irgendwelche Probleme? Es gibt kein Problem.

Die Wiedergabe von „haben" und „nicht haben"
Auch „haben" und „nicht haben" können im Türkischen mit var und yok wiedergegeben werden. Dabei wird als Pädikativ eine Genitiv- oder Possessivkonstruktion verwendet. (→ Genitivkonstruktion, Seite 26 ff. und → Possessivkonstruktion, Seite 48 ff.)

Genitivkonstruktion + var oder yok:

Odanın balkonu var.	Das Zimmer hat einen Balkon.
Lokantanın bahçesi yok.	Das Restaurant hat keinen Garten.
Adamın arabası var.	Der Mann hat ein Auto.
Arabanın radyosu yok.	Das Auto hat kein Radio.

Possessivkonstruktion + var oder yok:

Benim arabam var.	Ich habe ein Auto.
Senin bisikletin yok.	Du hast kein Fahrrad.
Onun helikopteri var.	Er/Sie hat einen Hubschrauber.
Bizim bankamız yok.	Wir haben keine Bank.
Sizin firmanız var.	Ihr habt eine Firma.
Onların her şeyi var.	Sie haben alles.

Die Wiedergabe von Modalverben

Können und dürfen

Können
„Können" wird im Türkischen durch eine Zusammensetzung von Verben mit dem Verb bilmek (wissen) ausgedrückt. Durch diese Zusammensetzung wird die Möglichkeitsform des Verbs gebildet. Die Zusammensetzung mit bilmek folgt immer demselben Schema:

Verbstamm + die Endung -(y)e- + -bilmek

gelmek	kommen	gelebilmek	kommen können
vermek	geben	verebilmek	geben können
almak	nehmen	alabilmek	nehmen können
konuşmak	sprechen	konuşabilmek	sprechen können
bilmek	wissen	bilebilmek	wissen können

Endet der Hauptverbstamm auf einen Vokal, wird -ye- eingefügt.

söylemek	sagen	söyleyebilmek	sagen können
okumak	lesen	okuyabilmek	lesen können

Türkçe konuşabiliyorum.	Ich kann Türkisch sprechen.
Konsere gelebiliyorum.	Ich kann zum Konzert mitkommen.
Japonca okuyabiliyorum	Ich kann Japanisch lesen.

Negation

Mit bilmek zuasammengesetzte Verben werden durch die Verneinungsendung -me- verneint. Bei der Verneinungsform entfällt bilmek. Dabei ist folgendes Schema anzuwenden:

Verbstamm + -(y)e- + -me- + Infinitivendung

gidebilmek	gehen können	gidememek	nicht gehen können
gelebilmek	kommen können	gelememek	nicht kommen können
verebilmek	geben können	verememek	nicht geben können
alabilmek	nehmen können	alamamek	nicht nehmen können
konuşabilmek	sprechen können	konuşamamak	nicht sprechen können
söyleyebilmek	sagen können	söyleyememek	nicht sagen können
okuyabilmek	lesen können	okuyamamak	nicht lesen können

Türkçe konuşamıyorum.	Ich kann nicht Türkisch sprechen.
Konsere gelemiyorum.	Ich kann nicht zum Konzert mitkommen.
Japonca okuyamıyorum	Ich kann nicht Japanisch lesen.

Konjugation

Mit bilmek zusammengesetzte Verben werden regulär konjugiert.

Beispiel: gelebilmek (kommen können) 3. Person Singular

Zeitformen	**bejaht**	**verneint**		
-di-Vergangenheit	gelebildi	gelemedi	er hat kommen können	er hat nicht kommen können
-miş-Vergangenheit	gelebilmiş	gelememiş	er hat wohl kommen können	er hat wohl nicht kommen können
Präsens	gelebiliyor	gelemiyor	er kann kommen	er kann nicht kommen
Futur	gelebilecek	gelemeyecek	er wird kommen können	er wird nicht kommen können
unbestimmte Gegenwart	gelebilir	gelemez	er kann (wahrscheinlich) kommen	er kann (wahrscheinlich) nicht kommen

O dün akşam gelebildi.	Er konnte gestern Abend kommen.
Eski yazıyı okuyabilmiş.	Er hat angeblich die alte Schrift lesen können.
Seni anlayamıyorum.	Ich kann dich nicht verstehen.
O yarın partiye gelebilecek mi?	Wird er/sie morgen zur Party kommen können?
Size yardım edebilir miyim?	Kann ich Ihnen helfen?

Dürfen
„Dürfen“ wird im Türkischen meist durch die Möglichkeitsform des Verbs in der unbestimmten Gegenwart ausgedrückt.

Yardım edebilir miyim?	Darf ich helfen?
Pencereyi açabilir miyim?	Darf ich das Fenster öffnen?
Burada bekleyebilir miyim?	Darf ich hier warten?
Gelebilir miyim?	Darf ich kommen?
Gidebilir miyim?	Darf ich gehen?

Müssen und sollen

Müssen
„Müssen“ kann im Türkischen durch die Notwendigkeitsform des Verbs zum Ausdruck gebracht werden.

Bankaya gitmeliyim.	Ich muss zur Bank gehen.
Para kazanmalıyım.	Ich muss Geld verdienen.

Sollen
Auch **„sollen“** im Sinne einer Aufforderung kann durch die Notwendigkeitsform des Verbs wiedergegeben werden.

Çok çalışmalısın.	Du sollst viel arbeiten.
Yarın gelmelisin.	Du sollst morgen kommen.

Die Optativform eines Verbs in der 1. Person Singular kann in der Frageform **„sollen“** ausdrücken.

Bugün geleyim mi?	Soll ich heute kommen?
Para göndereyim mi?	Soll ich das Geld schicken?

Mit den Imperativformen der 3. Person Singular und Plural kann man **„sollen“** wiedergeben.

O hemen başlasın.	Er/Sie soll sofort anfangen.
Onlar yarın gelsinler.	Sie sollen morgen kommen.

Prädikative mit gerek oder lâzım

Die Wörter gerek oder lâzım (notwendig/nötig) als Prädikativ bilden Sätze, die „müssen" ausdrücken. Diese Sätze folgen dem Schema:

Genitivkonstruktion + gerek oder lâzım
Possesivkonstruktion + gerek oder lâzım
(→ Genitivkonstruktion, Seite 26 ff., → Possessivkonstruktion, Seite 48 ff. und → Die Verbalsubstantive, Seite 143 ff.)

In der Genitiv- und Possessivkonstruktion ist das zweite Wort immer ein Verbalsubstantiv auf -me.

Barbara'nın gitmesi gerek.	Barbara muss gehen.
Patrik'in yürümesi lâzım.	Patrick muss laufen.

Bei der Possessivkonstruktion kann man die Possessivpronomen weglassen.

(Benim) gitmem gerek.	Ich muss gehen.
(Senin) gelmen lâzım.	Du musstest kommen.
(Onun) bilmesi gerek.	Er/Sie muss wissen.
(Bizim) uyumamız lâzım.	Wir müssen schlafen.
(Sizin) yapmanız gerek.	Ihr müsst/Sie müssen machen.
(Onların) beklemeleri gerek.	Sie müssen warten.

Als Prädikativ kann gerek oder lâzım Vergangenheits- und Konditionalformen bilden.

(Benim) gitmem gerekti	Ich musste gehen.
(Senin) gitmen gerekmiş	Du hast wohl gehen müssen.
(Onun) gitmesi gerekse ...	Wenn er gehen muss ...

Wollen

Das türkische Verb istemek entspicht dem deutschen Modalverb „wollen". Was man tun will, steht als Infinitiv vor istemek:

Infinitiv + istemek → tun wollen

gitmek istemek	gehen wollen
almak istemek	kaufen wollen
uyumak istemek	schlafen wollen
yapmak istemek	machen wollen

Das Verbpaar tritt immer zusammen auf. Das erste Verb steht unverändert vor istemek und nur istemek wird konjugiert.

Ben gezmek istiyorum.	Ich will spazieren gehen.
Sen uyumak istiyorsun.	Du willst schlafen.
O okumak istiyor.	Er/Sie will lesen.
Biz çalışmak istiyoruz	Wir wollen arbeiten.
Siz gitmek istiyorsunuz.	Ihr wollt gehen.
Onlar yüzmek istiyorlar	Sie wollen schwimmen.

Die Verbalsubstantive

Bildung

Die Verbalsubstantive werden durch Anhängen der Endungen -mek, -me oder -(y)iş an den Verbstamm gebildet.

Verbalsubstantiv auf -mek = **Infinitiv**	gelmek	ankommen
Verbalsubstantiv auf -me	gelme	das Ankommen
Verbalsubstantiv auf -(y)iş	geliş	die Ankunft

Alle Verbalsubstantive stehen im Wörterbuch. Die Verbalsubstantive auf -me sind als Bezeichnung für eine Handlung sehr gebräuchlich. Ähnlich gebräuchlich sind auch Verbalsubstantive auf -(y)iş, die die Art und Weise der Handlung ausdrücken.

Infinitiv		**Verbalsubstantive auf -me**		**Verbalsubstantive auf -(y)iş**	
gitmek	abreisen	gitme	das Abreisen	gidiş	die Abreise
bakmak	anschauen	bakma	das Anschauen	bakış	der Blick
satmak	verkaufen	satma	das Verkaufen	satış	der Verkauf
almak	kaufen	alma	das Kaufen	alış	der Ankauf

Deklination

Alle Verbalsubstantive können wie Substantive dekliniert werden. Der Infinitiv bildet keine Genitivform und seine Akkusativ- und Dativformen werden nicht benutzt. An ihre Stelle treten eher Akkusativ- und Dativformen der Verbalsubstantive auf -me.

	Infinitiv	Verbalsubstantiv auf -me	Verbalsubstantiv auf -(y)iş
Nom.	gitmek	gitme	gidiş
Akk.	gitmeği	gitmeyi	gidişi
Dat.	gitmeğe	gitmeye	gidişe
Lok.	gitmekte	gitmede	gidişte
Abl.	gitmekten	gitmeden	gidişten
Gen.	–	gitmenin	gidişin

Verbalsubstantive auf -me und -(y)iş können Possessivendungen erhalten.

(benim) gitmem	mein Abreisen	gidişim	meine Abreise
(senin) gitmen	dein Abreisen	gidişin	deine Abreise
(onun) gitmesi	sein/ihr Abreisen	gidişi	seine/ihre Abreise
(bizim) gitmemiz	unser Abreisen	gidişimiz	unsere Abreise
(sizin) gitmeniz	euer/Ihr Abreisen	gidişiniz	eure/Ihre Abreise
(onların) gitmeleri	ihr Abreisen	gidişleri	ihre Abreise

Die Possessivkonstruktion mit einem Verbalsubstantiv auf -me bildet zusammen mit gerek und lâzım (nötig/notwendig) eine gebräuchliche Ausdrucksform für „müssen". (→ Die Wiedergabe von Modalverben, Seite 138 ff.)

Benim gitmem gerek.	Ich muss abreisen.
Onun çalışması lâzım.	Er/Sie muss arbeiten.

Infinitiv + için (zu/um zu)

Der Infinitiv mit der Postposition için drückt eine Absicht aus und antwortet auf die Frage niçin? (warum?). Im Deutschen kann diese Konstruktion durch einen Infinitiv mit „zu" bzw. „um zu" wiedergegeben werden.

Frage: Niçin...?	Warum ...?	Antwort: Infinitiv + için	Um zu ...
Niçin çalışıyorsun?	Warum arbeitest du?	Para kazanmak için.	Um Geld zu verdienen.
Niçin gidiyorsun?	Warum fährst du weg?	Tatil yapmak için.	Um Urlaub zu machen.

Verbalsubstantive auf -me im Dativ beantworten die Frage niye? (wozu?). Ähnlich wie im Deutschen lassen sich die Fragewörter niye? und niçin? fast synonym verwenden.

Niye Antalya'ya gidiyorsun?	Wozu fährst du nach Antalya?	Tatil yapmaya.	Um Urlaub zu machen.
Niye tatil yapıyorsun?	Warum machst du Urlaub?	Yüzmek için.	Um zu schwimmen.

Die Verbaladjektive (Partizipien)

Partizipien werden im Türkischen sowohl als Adjektive als auch als Substantive verwendet.
Patizipien werden durch Anhängen von Endungen an den Verbstamm gebildet. Hier ein Überblick über die gebräuchlichsten Formen.

Das Partizip auf -en (das en-Partizip)

Bildung: Verbstamm + -(y)en

Das Partizip auf -(y)en kann im Deutschen als Partizip Präsens wiedergegeben werden.

gelmek	kommen	gelen	kommend
gitmek	gehen	giden	gehend
okumak	lesen	okuyan	lesend
uyumak	schlafen	uyuyan	schlafend

Adjektivische Verwendung
Als Begleiter steht das Partizip auf -(y)en unverändert vor dem Substantiv und bildet eine Adjektivkonstruktion (→ Seite 31 f.). Diese Konstruktion kann im Deutschen durch einen Relativsatz wiedergegeben werden.

gelen adam	der Mann, der kommt, ...
giden kadın	die Frau, die geht, ...

Diese Konstruktion kann dekliniert werden.

Nom.	gelen adam	der Mann, der kommt, … (der kommende Mann)
Akk.	gelen adamı	den Mann, der kommt, … (den kommenden Mann)
Dat.	gelen adama	dem Mann, der kommt, … (dem kommenden Mann)
Lok.	gelen adamda	bei dem Mann, der kommt, … (bei dem kommenden Mann)
Abl.	gelen adamdan	von dem Mann, der kommt, … (von dem kommenden Mann)
Gen.	gelen adamın	des Mannes, der kommt, … (des kommenden Mannes)

Gelen adam babam.	Der Mann**, der kommt,** ist mein Vater. (Der kommende Mann ist mein Vater.)
Gelen adamı tanıyorum.	Ich kenne den Mann**, der da kommt**. (Ich kenne den kommenden Mann.)

Das Partizip auf -en ist zeitlich unbestimmt. Erst durch den Kontext wird klar, ob es sich um ein gegenwärtiges oder ein vergangenes Ereignis handelt.

Gelen kadın annem.	Die Frau, die da kommt, ist meine Mutter.
Dün gelen kadın annem.	Die Frau, die **gestern** kam, ist meine Mutter.

Substantivische Verwendung

Das Partizip auf -en kann auch als Substantiv gebraucht werden. Es wird dann wie ein Substantiv dekliniert.

	Singular		Plural	
Nom.	gelen	der/die Kommende	gelenler	die Kommenden
Akk.	geleni	den/die Kommende	gelenleri	die Kommenden
Dat.	gelene	dem/der Kommenden	gelenlere	den Kommenden

Lok.	gelende	bei dem/der Kommenden	gelenlerde	bei den Kommenden
Abl.	gelenden	von dem/der Kommenden	gelenlerden	von den Kommenden
Gen.	gelenin	des/der Kommenden	gelenlerin	der Kommenden

Gelenleri tanıyorum.	Ich kenne **die, die da kommt**.
Gelenler Alman.	**Die, die da kommen**, sind Deutsche.

Das Partizip auf -miş (das miş-Partizip)

Bildung: Verbstamm + -miş

geçmek	vergehen (Zeit)	geçmiş	vergangen
pişmek	kochen	pişmiş	gekocht
kurumak	trocknen	kurumuş	getrocknet
solmak	verwelken	solmuş	verwelkt

Adjektivische Verwendung

Das Partizip auf -miş drückt ein Ereignis als Zustand aus. Als Begleiter steht es vor einem Substantiv und bildet eine Adjektivkonstruktion (→ Seite 31 f.).

geçmiş zaman	die vergangene Zeit
pişmiş yumurta	das gekochte Ei
kurumuş ekmek	das getrocknete Brot
solmuş çiçek	die verwelkte Blume

Die Partizipien auf -miş, die aus passivischen Verben gebildet sind, entsprechen oft dem **Partizip Perfekt** im Deutschen. Hier einige Beispiele aus Kochbüchern:

150 gram kıyılmış ceviz	150 Gramm **gehackte** Walnüsse
200 gram kaba doğranmış domates	200 Gramm grob **geschnittene** Tomaten
1 kaşık taze kıyılmış dereotu	1 Esslöffel frisch **gehackter** Dill
1 çay kaşığı öğütülmüş karabiber	1 Teelöffel **gemahlener** schwarzer Pfeffer

Substantivische Verwendung
Als Substantiv kann das Partizip auf -miş dekliniert werden.

Nom.	geçmiş	die Vergangenheit
Akk.	geçmişi	die Vergangenheit
Dat.	geçmişe	der Vergangenheit
Lok.	geçmişte	in der Vergangenheit
Abl.	geçmişten	von/aus der Vergangenheit
Gen.	geçmişin	der Vergangenheit

Geçmiş geçmiştir.	Die Vergangenheit ist vergangen.
Kötü günler geçmişte kaldı.	Die schlechten Tage sind vorbei (sind in der Vergangenheit geblieben).

Das Partizip auf -dik (das dik-Partizip)

Bildung: Verbstamm + -dik

bilmek	wissen	bildik	bekannt
işitilmemek	nicht gehört werden	işitilmedik	ungehört

Adjektivische Verwendung
Das Partizip auf -dik wird als Adjektiv selten verwendet.

okumadık kitap	das ungelesene Buch
işitilmedik şeyler	die ungehörten Dinge

Substantivische Vewendung
Die Partizipien auf -dik bilden als Substantive Possessiv- und Genitivkonstruktionen. Diese Konstruktionen können im Deutschen durch **Relativsätze**, deren Subjekt nicht mit dem Bezugswort identisch ist, wiedergegeben werden. (→ Genitivkonstruktion, Seite 26 ff. und → Possessivkonstruktion, Seite 48 ff.)

Possessivkonstruktion mit dem Partizip auf -dik:

(Possessivpronomen) + Partizip auf -dik + Possessivendung

Beispiel: istemek (haben wollen)

benim istediğim	etwas, das ich haben wollte
senin istediğin	etwas, das du haben wolltest
onun istediği	etwas, das er/sie haben wollte
bizim istediğimiz	etwas, das wir haben wollten
sizin istediğiniz	etwas, das ihr/Sie haben wolltet/wollten
onların istedikleri	etwas, das sie haben wollten

Genitivkonstruktion mit dem Partizip auf -dik:

Barbara'nın istediği	etwas, das Barbara haben wollte, ...
Barbara'nın yazdığı	etwas, das Barbara geschrieben hat, ...

Diese Konstruktionen sind sehr gebräuchlich.

(Benim) istediğim araba çok pahalı.	Das Auto, das ich haben wollte, ist sehr teuer.
Barbara'nın yazdığı makale çok enteresan.	Der Artikel, den Barbara geschrieben hat, ist sehr interessant.

Das Partizip auf -dik ist zeitlich nicht festgelegt. Die Zeit wird erst durch den Kontext deutlich.

Aldığın pantalon modaya uygun.	Die Hose, die du gekauft hast, ist modisch.
Dün aldığın pantalon modaya uygun.	Die Hose, die du **gestern** gekauft hast, ist modisch.

Das Partizip auf -ecek (das ecek-Partizip)

Bildung: Verbstamm + -ecek

Mit dem Partizip auf -ecek drückt man ein Ereignis aus, das in der Zukunft geschehen wird. Dies entspricht der 3. Person Singular des Futurs.

Adjektivische Verwendung

Als Begleiter steht das Partizip auf -ecek unverändert vor dem Substantiv und bildet eine Adjektivkonstruktion (→ Seite 31 f.), die im Deutschen durch einen Relativsatz wiedergegeben werden kann.

gelecek misafir	der Gast, **der kommen wird**, ...
gidecek tren	der Zug, **der fahren wird**, ...
Bugün gelecek misafirler Alman.	Die Gäste, **die heute kommen werden**, sind Deutsche.
Ankaraya gidecek tren arızalı.	Der Zug, **der nach Ankara fährt**, ist defekt.

Substantivische Verwendung

Die Partizipien auf -ecek bilden als Substantive Possessiv- und Genitivkonstruktionen. Diese Konstruktionen können im Deutschen durch Relativsätze wiedergegeben werden.

Possessivkonstruktion mit dem Partizip auf -ecek:

Possessivpronomen + Partizip auf -ecek + Possessivendung
Beispiel: almak (kaufen)

benim alacağım	etwas, das ich kaufen werde, ...
senin alacağın	etwas, das du kaufen wirst, ...
onun alacağı	etwas, das er/sie kaufen wird, ...
bizim alacağımız	etwas, das wir kaufen werden, ...
sizin alacağınız	etwas, das ihr/Sie kaufen werdet/werden, ...
onların alacakları	etwas, das sie kaufen werden, ...

Genitivkonstruktion mit dem Partizip auf -ecek:

Barbara'nın alacağı	etwas, das Barbara kaufen wird, ...
piyanistin vereeceği	etwas, das der/die Pianist/-in geben wird, ...

Diese Konstruktionen sind sehr gebräuchlich.

(Benim) alacağım ev çok pahalı.	Das Haus, das ich kaufen werde, ist sehr teuer.
Piyanistin vereceği konseri dinlemek istiyorum.	Das Konzert, das der/die Pianist/-in geben wird, möchte ich hören.

In der substantivischen Verwendung können die Partizipien auf -ecek dekliniert werden.

Nom.	gelecek	die Zukunft
Akk.	geleceği	die Zukunft
Dat.	geleceğe	der Zukunft
Lok.	gelecekte	in der Zukunft
Abl.	gelecekten	von/aus der Zukunft
Gen.	geleceğin	der Zukunft

Gelecekte daha çok tüketeceğiz.	**In der Zukunft** werden wir mehr konsumieren.
Ankara'ya gidecekler trene biniyorlar.	Die, **die nach Ankara fahren werden**, steigen in den Zug ein.

Die indirekte Rede

Die Possessiv- oder Genitivkonstruktion mit Partizipien auf -dik und -ecek wird oft in indirekten Aussagesätzen gebraucht.
Bei der direkten Rede wird der Satz mit dedi oder diye söyledi abgeschlossen, bei der indirekten Rede mit söyledi.

direkte Rede	O bana, „dün bir konser verdim" dedi/diye söyledi.	Er/Sie sagte mir: „Ich habe gestern ein Konzert gegeben."
indirekte Rede	O bana, dün bir konser verdiğini söyledi.	Er/Sie sagte mir, dass er/sie gestern ein Konzert gegeben habe.

Wenn die Aussage zukunftsbezogen ist, wird -ecek benutzt.

direkte Rede	O bana, „yarın bir konser vereceğim" dedi/diye söyledi.	Er/Sie sagte mir: „Ich werde morgen ein Konzert geben."
indirekte Rede	O bana, yarın bir konser vereceğini söyledi.	Er/Sie sagte mir, dass er/sie morgen ein Konzert geben werde.

Die Verbaladverbien (Gerundien)

Bildung

Verbaladverbien sind Adverbien, die durch Anhängen von Gerundialendungen an den Verbstamm gebildet werden.
Die Gerundialendungen entsprechen den Konjunktionen, die im Deutschen einen Nebensatz einleiten. Diese Endungen sind zeitlich unbestimmt und erhalten keine Personalendungen.

Durch Gerundialendungen können Sätze miteinander verknüpft werden, z. B. durch die Gerundialendung -ince (wenn).

Eve gideceğim. Yemek yapacağım. Eve gidince yemek yapacağım.	Ich werde nach Hause gehen. Ich werde kochen. **Wenn** ich nach Hause gehe, werde ich kochen.

Das Subjekt des Gerundialsatzes ist meist mit dem Subjekt des Hauptsatzes identisch (wie oben). Wenn das Gerundium ein eigenes Subjekt hat, muss es am Anfang des Satzes genannt werden.

Ben eve gidince kocam yemek yapacak.	Wenn **ich** nach Hause gehe, wird **mein Mann** kochen.

Stellung des Gerundialsatzes

In der meistgebräuchlichen Form steht der Gerundialsatz vor dem Hauptsatz. Er kann aber wie ein Adverb auch vor dem Prädikat des Hauptsatzes stehen.

Eve gidince yemek yapacağım. → Gerundialsatz steht vor dem Hauptsatz.

Yemek eve gidince yapacağım. → Gerundialsatz steht vor dem Prädikat.

Überblick über die gebräuchlichsten Gerundialendungen

Verbaladverbien auf -meden önce (bevor/ehe)
Bildung: Verbstamm + -meden önce
Önce unterliegt nicht der Vokalharmonie.

Gitmeden önce haber ver!	Sag Bescheid, **bevor** du verreist!
İlacı almadan önce doktorunuza sorun.	**Bevor** Sie die Medikamente einnehmen, fragen Sie Ihren Arzt.

Verbaladverbien auf -meden (ohne ... zu)
Bildung: Verbstamm + -meden

O bilmeden konuşuyor.	Er/Sie spricht, **ohne** (etwas) **zu** wissen.
O yemeden gitti.	**Er/Sie** ist gegangen, **ohne** **zu** essen.

Verbaladverbien auf -meksizin (ohne ... zu)
Bildung: Verbstamm + -meksizin

O haber vermeksizin gitti.	Er/Sie ist gegangen, **ohne** Bescheid **zu** sagen.
O bir şey söylemeksizin dinliyor.	Er/Sie hört zu, **ohne** etwas **zu sagen**.

Verbaladverbien auf -ince (wenn/als)
Bildung: Verbstamm + -(y)ince

Yaz gelince tatil yapacağız.	**Wenn** der Sommer kommt, werden wir Urlaub machen.
Güneş açınca bir gezinti yapalım.	**Wenn** die Sonne scheint, machen wir einen Spaziergang.
Kış yaklaşınca göçmen kuşlar güneye gidiyor.	**Wenn** sich der Winter nähert, ziehen die Zugvögel gen Süden.

Verbaladverbien auf -sin diye (damit)
Bildung: Verbstamm + -sin diye
Diye unterliegt nicht der Vokalharmonie.

Haberin olsun diye söylüyorum.	Ich sage es, **damit** du Bescheid weißt.
Bir araba alsın diye ona para gönderdim.	Ich habe ihm/ihr Geld geschickt, **damit** er/sie ein Auto kaufen kann.

Verbaladverbien auf -dikçe (solange)
Bildung: Verbstamm + -dikçe

Yağmur yağdıkça, burada bekliyoruz.	**Solange** es regnet, warten wir hier.
Sen yanımda oldukça mutluyum.	**Solange** du bei mir bist, bin ich glücklich.

Verbaladverbien auf -ip (und)
Bildung: Verbstamm + (y)ip
Die Gerundialendung -ip wird benutzt, wenn zwei Handlungen aufeinander folgen.

O pencereyi açıp dışarıya baktı.	Er/Sie öffnete das Fenster **und** blickte hinaus.
Trenden inip metroya bindi.	Er/Sie ist aus dem Zug ausgestiegen **und** in die Metro eingestiegen.

Verbaladverbien auf -ir/-er ... -mez (sobald)
Bildung: Verdopplung des Verbs
(Verbstamm + -ir/-er) + (Verbstamm + -mez)

Eve gelir gelmez televizyonu açtı.	**Sobald** er/sie nach Hause kam, hat er/sie den Fernseher eingeschaltet.
Yatar yatmaz uyudu.	**Sobald** er/sie sich hingelegt hat, ist er/sie eingeschlafen.

Verbaladverbien auf -ken (während)
Bildung: Verbstamm + -ken
Die Endung -ken unterliegt nicht der Vokalharmonie.

Yemek yerken gazete okuyor.	**Während** des Essens liest er/sie Zeitung.
Biri ağlarken biri gülüyor.	**Während** der eine weint, lacht der andere.

Verbaladverbien auf -ene kadar (bis)
Bildung: Verbstamm + -(y)ene kadar
Kadar unterliegt nicht der Vokalharmonie.

Sıra gelene kadar beklemelisin.	Du musst warten, **bis** du an der Reihe bist.
Sen gelene kadar, buradayım.	**Bis** du zurückkommst, bin ich hier.

Verbaladverbien auf -inceye kadar (bis)
Bildung : Verbstamm + -(y)inceye kadar

Sen gelinceye kadar beklerim.	Ich warte, **bis** du kommst.
O uyuyuncaya kadar televizyon seyrediyor.	**Bis** er/sie schläft, sieht er/sie fern.

Verbaladverbien auf -erek (während/indem)

Bildung: Verbstamm + -(y)erek

Die Verbaladverbien auf -erek bezeichnen eine Begleithandlung, die im Deutschen mit einem Partizip I oder mit „während“ oder „indem“ wiedergegeben werden.

O gülerek geldi.	Er/Sie ist **lachend** gekommen.
Onu ziyaret ederek sevindierebilirsin.	Du kannst ihm/ihr eine Freude bereiten, **indem** du ihn/sie besuchst.

Verbaladverbien auf -(y)e

-(y)e

geçe (vorbeigehend), kala (bleibend)

O saat on ikiye beş kala eve geldi.	Er/Sie ist um fünf vor zwölf (fünf bleibend vor zwölf) nach Hause gekommen.
O saat on ikiyi beş geçe eve geldi.	Er/Sie ist um fünf nach zwölf (fünf vorbeigehend an zwölf) nach Hause gekommen.

diye

Das vom Verb demek abgeleitete Verbaladverb diye ist sehr gebräuchlich. Wörtliche Reden werden immer mit diye abgeschlossen. Diye wird nicht ins Deutsche übersetzt.

Turist „müzeye nasıl giderim?“ diye sordu.	Der Tourist fragte: „Wie komme ich zum Museum?“

-(y)e -(y)e

Bildung: Verdopplung des Verbs: Verbstamm + -(y)e

Die verdoppelten Verbaladverbien auf -(y)e bezeichnen eine intensive Begleithandlung.

O güle güle anlatıyor.	Er/Sie erzählt **lachend**.
Güle güle gidiniz!	Viel Glück auf dem Weg! / Leben Sie wohl!
Sora sora Bağdat bulunur.	Durch vieles Fragen findet man sogar Bagdad. (Sprichwort)

Verbaladverbien auf -(y)eli (seitdem)
Bildung: Verbstamm + -(y)eli

Sigara içmeyeli, kendimi daha iyi hissediyorum.	**Seitdem** ich nicht mehr rauche, fühle ich mich besser.
O emekli olalı çok şişmanladı.	**Seitdem** er/sie pensioniert ist, hat er/sie sehr zugenommen.

Verbaladverbien auf -miş gibi (als ob)
Bildung: Verbstamm + -miş gibi

Duymamış gibi yapıyor.	Er/Sie tut so, **als ob** er/sie es nicht hören würde.
Onu görmemiş gibi yapıyor.	Er/Sie tut so, **als ob** er/sie ihn/sie nicht sehen würde.

Die Partizipendung -dik als Gerundialendung

Die Partizipendung -dik kann mit bestimmten Wörtern wie zaman, için etc. kombiniert als Gerundialendung benutzt werden. Dabei erhält die Endung -dik je nach Person unterschiedliche Possessivendungen.

-diği zaman: als
(bei -diği zaman handelt es sich um die 3. Person Singular)

(benim) geldiğim zaman	**als** ich zurückkam
(senin) geldiğin zaman	**als** du zurückkamst
(onun) geldiği zaman	**als** er/sie zurückkam
(bizim) geldiğimiz zaman	**als** wir zurückkamen
(sizin) geldiğiniz zaman	**als** ihr/Sie zurückkamt/ zurückkamen
(onların) geldikleri zaman	**als** sie zurückkamen

O geldiği zaman hava çok sıcaktı	**Als** er/sie kam, war es sehr warm.
İstanbul'a geldiğimiz zaman ben sekiz yaşındaydım.	**Als** wir nach Istanbul gezogen waren, war ich sieben Jahre alt.

Weitere gebräuchliche Beispiele:

-diği için (weil)

Canım istemediği için gelmedim.	**Weil** ich keine Lust hatte, bin ich nicht gekommen.
Vaktim olmadığı için seni aramadım.	**Weil** ich keine Zeit hatte, habe ich dich nicht angerufen.

-diği halde (obwohl)

Çok istediğim halde gelemedim.	**Obwohl** ich gern wollte, konnte ich nicht kommen.
Onu davet ettiğim halde gelmedi.	**Obwohl** ich ihn eingeladen hatte, ist er nicht gekommen.

-diği sürece (solange)

Hava güneşli olduğu sürece burada kalıyoruz.	**Solange** es sonnig ist, bleiben wir hier.
Istediğin sürece güneşte kalabilirsin.	Du kannst in der Sonne bleiben, **solange** du willst.

-diği kadar (so ... wie)

Dediği kadar iyi yüzüyor.	Er/Sie schwimmt **so** gut, **wie** er/sie gesagt hat.
Bildiğim kadar o mimar.	**So(weit)** ich weiß, ist er Architekt.

Im Türkischen unterscheidet man wie im Deutschen vier Satzarten: Aussagesatz, Fragesatz, Ausrufesatz und Aufforderungssatz.

1. Woraus besteht ein **einfacher Aussagesatz**?
2. Wie werden **Satzteile hervorgehoben**?
3. Wie wird eine **Ergänzungsfrage** und wie eine **Entscheidungsfrage** gebildet?
4. Wie wird ein **Passivsatz** gebildet?
5. Wie wird „**man**" im Türkischen wiedergegeben?
6. Wie werden **Ausrufe-** und **Aufforderungssätze** gebildet?

Der einfache Aussagesatz

Der einfache Aussagesatz enthält zwei Satzglieder: ein Subjekt und ein Prädikat. Der Satzbau folgt immer demselben Schema:

Subjekt + Prädikat

O geliyor.	**Er** kommt.
Biz gidiyoruz.	**Wir** gehen.
Türkçe kolay.	**Türkisch** ist leicht.

Das Subjekt

Das Subjekt steht am Anfang des Satzes, und zwar immer im ersten Fall (Nominativ). Es kann ein Substantiv, eine Substantivgruppe bzw. eine andere substantivisch gebrauchte Wortart oder ein Pronomen sein.

Çocuklar oynuyorlar.	**Die Kinder** spielen.
Evin penceresı açık.	**Die Tür des Hauses** ist offen.
Konuşmak altındır.	**Reden** ist Gold.
Ben öğreniyorum.	**Ich** lerne.
Onlar çalışıyorlar.	**Sie** arbeiten.
Biri şarkı söylüyor.	**Jemand** singt.

Das Subjekt als Pronomen kann entfallen, weil es durch die Personalendung am Prädikat deutlich wird.

(ben) Öğreniyorum.	Ich lerne.
(onlar) Çalışıyorlar	Sie arbeiten.
(biz) Seviyoruz.	Wir lieben.

Das Prädikat

Das Prädikat steht am Ende des Satzes. Man unterscheidet zwischen verbalem und nominalem Prädikat.

Das verbale Prädikat ist die konjugierte Form eines Vollverbs wie gelmek (kommen) oder gitmek (gehen).

Çocuklar geldiler.	Die Kinder **sind gekommen**.
Ben gideceğim.	Ich **werde gehen**.

Das nominale Prädikat ist ein Substantiv oder Adjektiv kombiniert mit Formen von imek. (→ Seite 132 ff.)

Film enteresandı.	Der Film **war interessant**.
Roman enteresanmış.	Der Roman **soll (angeblich) interessant gewesen sein**.
Yazar İstanbul'da.	Der Schriftsteller **ist in Istanbul**.
Ben Berlin'deyim.	Ich **bin in Berlin**.

Satzergänzungen

Der einfache Aussagesatz mit einem Subjekt und einem Prädikat reicht nicht immer aus, um alle notwendigen Informationen zu vermitteln. Außerdem fordern transitive Verben – wie im Deutschen – ein Objekt. Dies kann ein Dativ- oder ein Akkusativobjekt sein.

O geliyor.	Er kommt.
O nereden geliyor?	**Woher** kommt er?
O nereye geliyor?	**Wohin** kommt er?
O ne zaman geliyor?	**Wann** kommt er?
O ne yapıyor?	**Was** macht er?
O kimi arıyor?	**Wen** sucht er?
O kime yardım ediyor?	**Wem** hilft er?

Ein Aussagesatz kann durch die Antwort auf diese oder ähnliche Fragen ergänzt werden. Der Satzbau folgt dann dem Schema:

Subjekt + Satzergänzung (Adverbial/Objekt) + Prädikat

Frage	Antwort	
O nereden geliyor?	O İzmir'den geliyor.	Er kommt **von Izmir**.
O nereye geliyor?	O Berlin'e geliyor.	Er kommt **nach Berlin**.
O ne zaman geliyor?	O bugün geliyor.	Er kommt **heute**.
O ne yapıyor?	O bir yolculuk yapıyor.	Er macht **eine Reise**.
O kimi arıyor?	O şoförü arıyor.	Er sucht **den Fahrer**.
O kime yardım ediyor?	O adama yardım ediyor.	Er hilft **dem Mann**.

Der einfache Aussagesatz kann durch eine oder mehrere Ergänzungen erweitert werden.

O bugün İzmir'den Berlin'e geliyor.	Er kommt **heute von Izmir nach Berlin**.

Hervorhebung eines Satzteils

Im Türkischen werden Satzteile durch eine veränderte Wortstellung hervorgehoben. Der Satzteil, der hervorgehoben werden soll, steht direkt vor dem Prädikat.

O bugün İzmir'den Berlin'e geliyor.	Er kommt heute von Izmir **nach Berlin**.
O bugün Berlin'e İzmir'den geliyor.	Er kommt heute **von Izmir** nach Berlin.
O İzmir'den Berlin'e bugün geliyor.	Er kommt **heute** von Izmir nach Berlin.

Der Fragesatz

Die Ergänzungsfrage

Einen einfachen Aussagesatz kann man durch ein Fragewort in eine sogenannte „Ergänzungsfrage" umwandeln. Das Fragewort steht direkt vor dem Prädikat und der Satzbau folgt dem Schema:

Subjekt + Fragewort + Prädikat

Aussagesatz **Subjekt + Prädikat**	**Ergänzungsfrage** **Subjekt + Fragewort + Prädikat**
Sen geliyorsun.	Sen nereden geliyorsun?
O gidiyor.	O nereye gidiyor?

Die erwartete Antwort ist die Satzergänzung.

Ergänzungsfrage	**Antwort (Satzergänzung)**
Sen nere**den** geliyorsun?	Ben İzmir'**den** geliyorum.
O nere**ye** gidiyor?	O Berlin'**e** gidiyor.

Die Endungen bei Frage und Antwort sind meist gleich.

Weitere Beispiele:

O kimi arıyor?	şefi	Wen ruft er an?	die Chefin
Neyi arıyor?	anahtarı	Was sucht er?	den Schlüssel
Kime yardım ediyor?	çocuklara	Wem hilft er?	den Kindern
Neye bakıyor?	resimlere	Worauf blickt er?	auf die Bilder
Kimde kalıyor?	bende	Bei wem wohnt er?	bei mir
Saat kaçta kalkıyor?	saat yedide	Wann steht er auf?	um sieben Uhr
Ne zamandan beri çalışıyor?	iki aydan beri	Seit wann arbeitet er?	seit zwei Monaten
Saat kaça kadar çalışıyor?	beşe kadar	Bis wie viel Uhr arbeitet er?	bis fünf Uhr
Nerede oturuyor?	İzmir'de	Wo wohnt er?	in Izmir
Nereden geliyor?	işten	Woher kommt er?	von der Arbeit

Nereye gidiyor?	pazara	Wohin geht er?	zum Markt
Ne için gidiyor?	alış veriş yapmak için	Warum geht er?	um einzukaufen
Neyle gidiyor?	arabayla	Womit fährt er?	mit dem Auto

Die Entscheidungsfrage mit der Fragepartikel mi

Fragen, die entweder mit evet (ja) oder mit hayır (nein) beantwortet werden, nennt man „Entscheidungsfragen".
Einen Ausagesatz kann man durch die Fragepartikel mi in eine Entscheidungsfrage umwandeln. Die Fragepartikel mi steht entweder beim Prädikat oder direkt hinter dem Satzteil, nach dem gefragt wird.

Die Fragepartikel mi beim Prädikat

(→ Die Stellung der Fragepartikel mi, Seite 92)

Aussagesatz	Entscheidungsfrage	
Sen gidiyorsun.	Sen gidiyor musun?	Gehst du?
Siz geliyorsunuz.	Siz geliyor musunuz?	Kommen Sie?
Onlar geliyorlar.	Onlar geliyorlar mı?	Kommen sie?
Türkçe kolay.	Türkçe kolay mı?	Ist Türkisch leicht?

Die Fragepartikel mi hinter dem Satzteil, nach dem gefragt wird

Die Fragepartikel mi ist flexibel. Wenn nach einem bestimmten Satzteil gefragt wird, steht mi direkt hinter diesem.

O bugün Berlin'e geliyor mu?	Evet, geliyor.
O bugün Berlin'e mi geliyor?	Evet, Berlin'e.
O bugün mü Berlin'e geliyor?	Evet, bugün.
O mu bugün Berlin'e geliyor?	Evet, o.

Der Passivsatz

Passivsätze sind im Türkischen Sätze, die ein passivisches Verb als Prädikat haben.
Ein aktives Verb kann durch Anhängen der Passivendungen -il- oder -in- an den Verbstamm in ein passivisches Verb umgewandelt werden. (→ Die Passivform, Seite 126 f.)

Aktiv		**Passiv**	
unutmak	vergessen	unutulmak	vergessen werden
gödermek	schicken	gönderilmek	verschickt werden
vermek	geben	verilmek	gegeben werden
dikmek	einpflanzen	dikilmek	eingepflanzt werden
aramak	anrufen	aranmak	angerufen werden
(müzik aleti) çalmak	(Musikinstrument) spielen	çalınmak	gespielt werden
(şarkı) söylemek	singen	söylenmek	gesungen werden

Aktiv- und Passivsätze können den gleichen Tatbestand ausdrücken. Im Aktivsatz wird das Subjekt genannt, im Passivsatz bleibt es dagegen unerwähnt. Das Passiv wird deshalb insbesondere dann benutzt, wenn das Subjekt keine Rolle spielt oder nicht bekannt ist.

Aktiv		**Passiv**	
O beni unuttu.	Er hat mich vergessen.	Ben unutuldum.	Ich wurde vergessen.
Müzik grubu bir konser veriyor.	Die Musikgruppe gibt ein Konzert.	Konser veriliyor.	Das Konzert wird gegeben.
Bir elma ağacı diktim.	Ich pflanzte einen Apfelbaum ein.	Elma ağacı dikildi.	Ein Apfelbaum wurde eingepflanzt.
Şef beni arıyor.	Die Chefin ruft mich an.	Ben aranıyorum.	Ich wurde angerufen.
Biri gitar çalıyor.	Jemand spielt Gitarre.	Gitar çalınıyor.	Es wird Gitarre gespielt.
Biri şarkı söylüyor.	Jemand singt ein Lied.	Bir şarkı söyleniyor.	Es wird ein Lied gesungen.

Soll in einem Passivsatz das Subjekt bezeichnet werden, so steht es im Nominativ vor der Postposition tarafından (von).

Ben **şef** tarafından aranıyorum.	Ich werde **von der Chefin** angerufen.
Biri tarafından gitar çalınıyor.	**Von jemandem** wird Gitarre gespielt.

Die Wiedergabe von „man"

Das Wörtchen „man" kann im Türkischen einfach durch die Passivform des Verbs in der 3. Person Singular wiedergegeben werden.

Paketler gönderildi.	**Man** hat die Pakete verschickt.
Sergi açılmış.	**Man** soll die Ausstellung eröffnet haben.
Burada bir hastahane yapılıyor.	Hier baut **man** ein Krankenhaus.
Müzeye nasıl gidilir?	Wie kommt **man** zum Museum?

Der Ausrufesatz

Ausrufesätze sind Aussagesätze, die aus einem Ausruf bestehen und Gefühle, Freude, Ärger oder Bewunderung ausdrücken. Ausrufesätze werden durch Ausrufezeichen gekennzeichnet.

Bu ne büyük bir sürpriz!	Das ist eine große Überraschung!
Utanmalısın!	Du solltest dich schämen!
Bu oyuncu gerçekten en büyük!	Die Schauspielerin ist wirklich die Größte!

Der Aufforderungssatz

Aufforderungssätze drücken einen Befehl bzw. eine Aufforderung, eine Bitte, einen Vorschlag oder eine Anleitung aus. Das Verb steht in einer Imperativform. (→ Der Imperativ, Seite 120 ff.)

Befehle

Gel! O kadar hızlı yürüme! Acele etme!	Komm mit! Lauf nicht so schnell! Beeil dich nicht!

Bitten

Bana yardım edin lütfen! Lütfen oturun! Televizyonu kapat! Pencereyi aç!	Bitte helfen Sie mir! Bitte setzen Sie sich! Schalt den Fernseher aus! Öffne das Fenster!

Vorschläge
Bei Vorschlägen benutzt man oft den Optativ in der 1. Person Plural.

Bu akşam sinemaya gidelim.	Gehen wir heute Abend ins Kino. / Lass/Lasst uns heute Abend ins Kino gehen.
Önce bilgisayar açalım.	Schalten wir zuerst den Computer ein.

Anleitungen
In Kochbüchern stehen dazu viele Beispiele.

Havuçları yıkayın, dilim dilim doğrayın. Patatesleri, kerevizi soyun …	Die Möhren waschen, in Scheiben schneiden, die Kartoffeln und den Sellerie schälen …

Die Wortbildung

Die türkische Sprache besitzt eine große Zahl von Wortbildungsendungen, mit denen aus bestehenden Wörtern neue Wörter gebildet werden können.

1. Welche Funktionen haben die **Endungen** ***-li*** und ***-siz***?
2. Wie werden Bezeichnungen für **Sprachen** gebildet?

Die gebräuchlichsten Wortbildungsendungen

Die Endungen -li und -siz

Die Endung -li gibt bei Orts- und Ländernamen die Herkunft an.

Edirne	Edirneli	aus Edirne
Kars	Karslı	aus Kars
Sinop	Sinoplu	aus Sinop
Ürgüp	Ürgüplü	aus Ürgüp

Nerelisiniz?	Woher sind Sie?	Ürgüplüyüm.	Ich bin aus Ürgüp.
Nerelisin?	Woher bist du?	Edirneliyim.	Ich bin aus Edirne.
Diogenes nereli?	Woher ist Diogenes?	Sinoplu.	Er ist aus Sinop.

Durch die Endungen -li und -siz können die deutschen Präpositionen **mit** und **ohne** wiedergegeben werden.

duş	Dusche	duşlu	mit Dusche	duşsuz	ohne Dusche
balkon	Balkon	balkonlu	mit Balkon	balkonsuz	ohne Balkon
asansör	Aufzug	asansörlü	mit Aufzug	asansörsüz	ohne Aufzug

Die Endungen -li und -siz können aus Substantiven Adjektive bilden.

iş	Arbeit	işli	beschäftigt	işsiz	arbeitslos
keyif	Lust	keyifli	lustvoll	keyifsiz	lustlos

Die Endung -siz wird oft bei Adjektiven benutzt und kehrt wie das Präfix **un-** im Deutschen deren Bedeutung ins Gegenteil.

olanaklı	möglich	olanaksız	unmöglich
kullanışlı	brauchbar	kullanışsız	unbrauchbar
görgülü	anständig	görgüsüz	unanständig
sevimli	lieb	sevimsiz	lieblos

Die Endung -lik

Die Endung -lik macht aus Adjektiven Substantive.

temiz	sauber	temizlik	Sauberkeit
pis	schmutzig	pislik	Schmutz
salak	dumm	salaklık	Dummheit
sade	einfach	sadelik	Einfachheit
saf	naiv	saflık	Naivität
fakir	arm	fakirlik	Armut
aç	hungrig	açlık	Hunger
güzel	schön	güzellik	Schönheit

Die Endung -ci

Mit der Endung -ci werden Berufs- und Händlerbezeichnungen gebildet.

tamir	Reparatur	tamirci	Reparateur/-in
matematik	Mathematik	matematikçi	Mathematiker/-in
bilişim	Informatik	bilişimci	Informatiker/-in
politika	Politik	politikacı	Politiker/-in
fizik	Physik	fizikçi	Physiker/-in
ayakkabı	Schuh	ayakkabıcı	Schuster/-in
gözlük	Brille	gözlükçü	Optiker/-in

Die Endung -le

Mit der Endung -le werden aus Substantiven und Adjektiven Verben gebildet.

yorum	Interpretation	yorumlamak	interpretieren
baş	Anfang	başlamak	anfangen
iş	Funktion	işlemek	funktionieren
göz	Auge	gözlemek	beobachten
giz	Geheimnis	gizlemek	verbergen
beton	Beton	betonlamak	betonieren
vida	Schraube	vidalamak	schrauben
ferah	angenehm	ferahlamak	aufatmen
boş	frei/leer	boşlamak	loslassen
tamam	vollendet	tamamlamak	vollenden

Die Endung -ce

Mit der Endung -ce werden Bezeichnungen für Sprachen gebildet.

Türk	Türke/Türkin	Türkçe	Türkisch
Alman	Deutsche/-r	Almanca	Deutsch
Çin	Chinese/ Chinesin	Çince	Chinesisch
Japon	Japaner/-in	Japonca	Japanisch
İspanyol	Spanier/-in	İspanyolca	Spanisch

TEST 1: Vokalharmonie und Endungen

A **Setzen Sie die Pluralendung -ler ein.**

a. müze___
b. otel___
c. fabrika___
d. banka___
e. istasyon___
f. köprü___
g. otopark___
h. park___
i. tren___
j. otobüs___
k.uçak___
l. gemi___

B **Setzen Sie die Endung -li ein:**

Nerelisiniz?	Woher sind Sie? (Aus welcher Stadt sind Sie?)
Honolululu.	Aus Honolulu.

a. Viyana___.
b. Oslo___.
c. Magdeburg___.
d. Bremen___.
e. Leipzig___.
f. Köln___.
g. Ürgüp___.
h. İstanbul___.
i. Çankırı___.
j. Roma___.
k. Paris___.
l. Schwäbisch Gmünd___.

TEST 2: Das Substantiv

A **Setzen Sie die folgenden Substantive in den Plural.**

a. ev___
b. oda___
c. kapı___
d. Pencere___
e. tencere___
f. kitap___
g. sepet___
h. şal___
i. kravat___
j. küpe___
k. yüzük___
i. kazak___

B **Setzen Sie die Dativendung -(y)e ein.**

Nereye gidiyorsunuz? — Wohin gehen Sie?
Otele. — Zum Hotel.

a. İstasyon___.
b. Plaj___.
c. Sinema___.
d. Tiyatro___.
e. Konser___.
f. Büro___.
g. Banka___.
h. Pazar___.
i. Doktor___.
j. Eczane___.
k. Postane___.
l. Müze___.

C **Bilden Sie die Substantivgruppe vom Typ 1:**

ev / dam — Haus / Dach
evin damı — das Dach des Hauses

a. ev / duvar ________
b. ev / pencere ________
c. ev / kapı ________
d. ev / oda ________
e. Walter / otel ________
f. Walter / araba ________
g. araba / renk ________
h. araba / fiyat ________

TEST 3: Das Adjektiv

A **Setzen Sie -den daha ein.**

a. Antalya Berlin'______________ sıcak.
b. Berlin Antalya'______________ büyük.
c. Patrick Barbara'______________ yorgun.
d. Masa ev______________ eski.
e. Kravat ceket______________ pahalı.
f. gündüz gece______________ soğuk.
g. Patrick Walter______________ çalışkan.
h. Film roman______________ enteresan.

B Vervollständigen Sie die folgenden Sätze.

Kravat 150 lira.	Die Krawatte kostet 150 Lira.
Gömlek 150 lira.	Das Hemd kostet 150 Lira.
Ceket 500 lira.	Der Jacke kostet 500 Lira.

a. Kravat____________.	Die Krawatte ist teuer.
b. Gömlek kravat_________.	Das Hemd ist so teuer wie die Krawatte.
c. Ceket gömlek__________.	Die Jacke ist teurer als das Hemd.
d. ____________ ceket.	Am teuersten ist die Jacke.

Hamburg 25 derece	Hamburg 25 Grad
Frankfurt 25 derece	Frankfurt 25 Grad
Antalya 35 derece	Antalya 35 Grad

e. Hamburg____________.	Hamburg ist warm.
f. Frankfurt Hamburg____________.	Frankfurt ist so warm wie Hamburg.
g. Antalya Frankfurt'____________.	Antalya ist wärmer als Frankfurt.
h. ____________ Antalya.	Am wärmsten ist Antalya.

TEST 4: Zahlen und Zeitangaben

A Setzen Sie die Ordnungszahlendung -inci ein.

a. beş___ ev	das fünfte Haus
b. üç___ sokak	die dritte Straße
c. yedi___ durak	die siebte Haltestelle
d. dörd___ otobüs	der vierte Bus
e. iki___ kapı	die zweite Tür
f. altı___ kat	der sechste Stock

B **Setzen Sie die Fallendung -de ein.**

Maç saat kaçta başlıyor?	Um wie viel Uhr beginnt das Spiel?
a. On dokuz otuz___.	Um neunzehn Uhr dreißig.
b. Yirmi on beş___.	Um zwanzig Uhr fünfzehn.
c. On yedi kırk___.	Um siebzehn Uhr vierzig.
d. On yirmi___.	Um zehn Uhr zwanzig.
e. On dört___.	Um vierzehn Uhr.
f. On bir elli___.	Um elf Uhr fünfzig.

TEST 5: Die Pronomen

A **Ergänzen Sie die Fallendungen.**

a. Burada kimi bekliyorsun?	Sen___ bekliyorum.
b. Kitabı kime verdin?	O___ verdim.
c. Kimde para var?	Ben___ para var.
d. Bunu kimden aldın?	O___ aldım.
e. Kime sordun?	Biri___ sordum.

B **Ergänzen Sie die Possessivpronomen.**

a. _________ adım Walter.
b. _________ adın ne?
c. _________ adı ne?
d. _________ evimiz Berlin'de.
e. _________ eviniz nerede?
f. _________ evleri nerede?
g. _________ adım Patrick.
h. _________ adınız ne?

C Ergänzen Sie die Possessivendungen.

a. Ev___ nerede?	Wo liegt **Ihr Haus**?
b. Ev___ Berlin'de.	**Mein Haus** ist in Berlin.
c. Ev___ nerede?	Wo liegt **euer Haus**?
d. Ev___ Berlin'de.	**Unser Haus** liegt in Berlin.
e. Kira___ ne kadar?	Wie hoch ist **eure Miete**?
f. Tren___ ne zaman gidiyor?	Wann geht **Ihr Zug**?
g. Tren___ saat 5'te kalkıyor.	**Mein Zug** fährt um 5 Uhr ab.
h. Otel___ nerede?	Wo ist **Ihr Hotel**?
i. Otel___ kent merkezinde.	**Mein Hotel** ist im Stadtzentrum.
j. Araba___ var mı?	Haben **Sie** ein Auto?
k. Araba___ bozuk.	**Mein Auto** ist kaputt.

D Ergänzen Sie die Sätze.

a. _________ bana yardım etti.	Einer hat mir geholfen.
b. _________ sıcak sever.	Manche mögen es heiß.
c. _________ yok mu?	Gibt es kein anderes?
d. _________ ne kadar?	Was kostet alles?
e. _________ tiaytroya gitti.	Viele sind ins Theater gegangen.

TEST 6: Das Adverb

A Ergänzen Sie die Endungen.

a. Nereye gidiyorsun?	İçeri___.
b. Nereden geliyorsun?	Dışarı___.
c. Nerede oturuyorsun?	Yukarı___.
d. Banka nerede?	Ora___, sağ___.
e. Hastane nerede?	Sol___.
f. Kitaplık nerede?	Bura___.

B Ergänzen Sie die Adverbien nach der deutschen Übersetzung.

a. ______ saat on bir.	Es ist **jetzt** 11 Uhr.
b. ______ çalışıyorum.	**Heute** arbeite ich.
c. ______ geliyorum.	Ich komme **gleich**.
d. ______ haberleri dinliyorum.	**Zuerst** höre ich die Nachrichten.

e. ______ tiyatroya . gidiyorum	**Manchmal** gehe ich ins Theater.
g. ______ yatıyorum.	Ich gehe **spät** ins Bett.
f. ______ kalkıyorum.	Ich stehe **früh** auf.

TEST 7: Die Postpositionen

A Ergänzen Sie die Endungen.

a. Saat 12'___ **kadar** uyudum.
b. İstanbul'a uçak___ gidiyorum?
c. Ne___ **göre** fiyatlar artıyor.
d. Bugün Bayern München Galatasaray___ **karşı** oynuyor.
e. Lütfen saat 3'___ **sonra** gelin!
f. Üç gün___ **beri** hastayım.

B Ergänzen Sie je nach Frage die Endungen.

Nerede?	Nereye?
a. masanın üstü___	masanın üstü___
b. masanın altı___	masanın altı___
c. duvarın yanı___	duvarın yanı___
d. evin önü___	evin önü___
e. evin arkası___	evin arkası___

TEST 8: Die Konjunktionen

A Ergänzen Sie die Konjunktionen nach der deutschen Übersetzung.

a. ___ şarap ___ rakı istiyorum.
Ich möchte **weder** Wein **noch** Raki.
b. Konsere gitmiyorum, ___ hastayım.
Ich gehe nicht ins Konzert, **denn** ich bin krank.
c. Çay ___ kahve mi istersiniz?
Möchten Sie Tee **oder** Kaffee?
d. O gelmiyor, ___ ben geliyorum.
Er kommt nicht, **aber** ich komme mit.

e. Tatilde ___ Bodruma ___ Antalya'ya gideceğim.
Ich werde im Urlaub **entweder** nach Bodrum **oder** nach Antalya fahren.

f. Sinemaya gideceğim, ___ bu akşam değil.
Ich werde ins Kino gehen, **allerdings** nicht heute Abend.

TEST 9: Das Verb

A Ergänzen Sie die Personalpronomen.

a. ______ bilmiyorum.
b. ______ biliyor musun?
c. ______ sevmiyor.
d. ______ seviyor musunuz?
e. ______ çalışıyorlar.
f. ______ oturuyoruz.

B Ergänzen Sie die Personalendungen.

a. Ben üşüdü___
b. Senuyudu___
c. Biz çalıştı___
d. Siz oturdu___
e. O anlattı___
f. Onlar güldü___

C Ergänzen Sie die Zeit- und Personalendungen.

a. Geliyor musun?	Evet, gel___.
b. Üşüdünüz mü?	Evet, üşü___.
c. Anladınız mı?	Evet, anla___.
d. Duydun mu?	Evet, duy___.
e. Gidecek misin?	Evet, gid___.
f. Kalacak mısınız?	Evet, kal___.

D Ergänzen Sie die Prädikative.

a. Turist misiniz? Evet, turist___.
b. Alman mısınız? Evet, Alman___.
c. Berlinli misiniz? Evet, Berlinli___.
d. Memnun musunuz? Evet, memnun___.
e. İyi misin? Evet, iyi___.
f. Yorgun musun? Evet, yorgun___.
g. Hasta mısın? Evet, hasta___.

E Ergänzen Sie die Sätze.

a. Evin var mı? ______ var.
b. Araban varmı? ______ yok.
c. İşin var mı? ______ var.
d. Paran var mı? ______ yok.
e. Biletin var mı? ______ var.
f. Vaktin var mı? ______ yok.

F Ergänzen Sie die Sätze mit istemek.

a. Ben kalmak ______. Ich will bleiben.
b. Sen gitmek ______. Du willst gehen.
c. O okumak ______. Sie will lesen.
d. Biz yürümek ______. Wir wollen laufen.
e. Siz uçmak ______. Ihr wollt fliegen.
f. Onlar uyumak ______. Sie wollen schlafen.

G Ergänzen Sie die Possessivendungen.

a. Benim gitme___ gerek.
b. Senin çalışma___ gerek.
c. Onun spor yapma___ lâzım.
d. Bizim tatil yapma___ lâzım.
e. Sizin bekleme___ gerek.
f. Onların gelme___ gerek.

H Ergänzen Sie die Endungen.

a. Benim alacağ___ ev bu sokakta.
Das Haus, das ich kaufen werde, ist in dieser Straße.
b. Onun verdiğ___ parti çok kalabalıktı.
Die Party, die sie gegeben hat, war überfüllt.
c. Onların istedikler___ para çok fazla.
Das Geld, das sie verlangt haben, ist zu viel.
d. Bizim kalacağ___ otel, deniz kıyısında.
Das Hotel, in dem wir wohnen werden, liegt am Meer.
e. Sizin bana hediye ettiği___ kitap hoşuma gitti.
Das Buch, das Sie mir geschenkt haben, hat mir gut gefallen.
f. Gel___ ay kitap fuarı başlıyor.
Im nächsten Monat beginnt die Buchmesse. (Wörtlich: Im Monat, der kommen wird, beginnt die Buchmesse.)

I Ergänzen Sie die Possessivendungen.

a. O dediğ___ kadar iyi piyano çalıyor.
Sie spielt so gut Klavier, wie sie gesagt hat.
b. Beklediğ___ halde gelmedi.
Obwohl ich gewartet habe, ist sie nicht gekommen.
c. Yağmur başladığ___ zaman, çocuklar eve gitti.
Als es zu regnen begann, gingen die Kinder nach Hause.
d. Diyet yaptığ___ için et yemiyorum.
Ich esse kein Fleisch, weil ich Diät halte.
e. Çalıştığ___ sürece, alkol içmiyoruz.
Solange wir arbeiten, trinken wir keinen Alkohol.
f. İstediğ___ zaman gelebilirsin.
Du kannst kommen, wann du willst.

TEST 10: Der Satz

A **Ergänzen Sie die Personalpronomen.**

a. ___ yarın geliyorum.
b. ___ ne içiyorsun?
c. ___ ne zaman geliyor?
d. ___ burada ne kadar kalacaksın?
e. ___ tatilde Bodrum'a gideceğim.
f. ___ nereye gideceksiniz?

B **Beantworten Sie die Fragen.**

a. Türkçe biliyor musunuz?	Evet, ___________.
b. Çay içer misiniz?	Hayır, ___________.
c. Hava güzel mi?	Evet, ___________.
d. Beni anlıyor musunuz?	Hayır, ___________.
e. Halıyı alıyor musunuz?	Evet, ___________.
f. Yorgun musunuz?	Hayır, ___________.

TEST 11: Die Wortbildung

A **Bilden Sie Substantive mit der Endung -lik.**

a. kolay	einfach	kolay___	die Einfachheit
b. zor	schwierig	zor___	die Schwierigkeit
c. uzak	weit	uzak___	die Weite
d. yakın	nah	yakın___	die Nähe
e. iyi	gut	iyi___	das Gute
f. kötü	böse	kötü___	die Bosheit

B **Bilden Sie die Verkleinerungsform mit der Endung -cik.**

a. ev	das Haus	ev___	das Häuschen
b. fare	die Maus	fare___	das Mäuschen
c. tencere	der Topf	tencere___	das Töpfchen
d. kitap	das Buch	kitap___	das Büchlein
e. oda	das Zimmer	oda___	das Zimmerchen
f. masa	der Tisch	masa___	das Tischchen

Schlüssel zu den Tests

TEST 1: Die Vokalharmonie

A **a**. -ler **b**. -ler **c**. -lar **d**. -lar **e**. -lar **f**. -ler **g**. -lar **h**. -lar **i**. -ler **j**. -ler **k**. -lar **l**. -ler

B **a**. -lı **b**. -lu **c**. -lu **d**.- li **e**.- li **f**.- lü **g**.- lü **h**.- lu **i**.- lı **j**.- lı **k**.- li **l**.- lü

TEST 2: Das Substantiv

A **a**. -ler **b**. -lar **c**. -lar **d**. -lar **e**. -ler **f**. -lar **g**. -ler **h**. -lar **i**. -lar **j**. -ler **k**. -ler **l**. –lar

B **a**. -a **b**. -a **c**. -ya **d**. -ya **e**. - e **f**. -ya **g**. -ya **h**. -a **i**. -a **j**. -ye **k**. -ye **l**. -ye

C **a**. ev**in** duvar**ı** **b**. ev**in** pencere**si** **c**. ev**in** kapı**sı** **d**. ev**in** oda**sı** **e**. Walter'**in** otel**i** **f**. Walter'**in** araba**sı** **g**. araba**nın** reng**i** **h**. araba**nın** fiyat**ı**

TEST 3: Das Adjektiv

A **a**. -den daha **b**. -dan daha **c**. -dan daha **d**. -den daha **e**. -ten daha **f**. -den daha **g**. -den daha **h**. -dan daha

B **a**. pahalı **b**. kadar pahalı **c**. -ten daha pahalı **d**. En pahalı **e**. sıcak **f**. kadar sıcak **g**. -tan daha sıcak **h**. En sıcak

TEST 4: Zahlen und Zeitangaben

A **a**. -inci **b**. -üncü **c**. -nci **d**. -üncü **e**. -nci **f**. -ıncı

B **a**. -da **b**. -te **c**. -ta **d**. -de **e**. te **f**. de

TEST 5: Die Pronomen

A **a.** -i **b.** -na **c.** -de **d.** -ndan **e.** -ne

B **a.** benim **b.** senin **c.** onun **d.** bizim **e.** sizin **f.** onların **g.** benim **h.** sizin

C **a.** -iniz **b.** -im **c.** -iniz **d.** -imiz **e.** -nız **f.** -iniz **g.** -im **h.** -iniz **i.** -im **j.** -nız **k.** -m

D **a.** Biri **b.** Bazıları **c.** Başkası **d.** Hepsi **e.** Birçoğu

TEST 6: Das Adverb

A **a.** -ye **b.** -dan **c.** -da **d.** -da, -da **e.** -da **f.** -da
B **a.** Şimdi **b.** Bugün **c.** Hemen **d.** Önce **e.** Bazen **f.** Geç **g.** Erken

TEST 7: Die Postpositionen

A **a.** -ye **b.** -la **c.** -ye **d.** –a **e.** -ten **f.** -den
B **a.** -nde, -ne **b.** -nda, -na **c.** -nda, -na **d.** -nde, -ne **e.** -nda, na

TEST 8: Die Konjunktionen

A **a.** ne ... ne **b.** çünkü **c.** veya **d.** ama **e.** ya ... ya **f.** ancak

TEST 9: Das Verb

A **a.** ben **b.** sen **c.** o **d.** siz **e.** onlar **f.** biz
B **a.** -m **b.** -n **c.** -k **d.** -nuz **e.** - **f.** -ler
C **a.** -iyorum **b.** -düm **c.** -dım **d.** -dum **e.** -eceğim **f.** -acağım
D **a.** -im **b.** -ım **c.** -yim **d.** -um **e.** -yim **f.** -um **g.** -yım
E **a.** Evim **b.** Arabam **c.** İşim **d.** Param **e.** Biletim **f.** Vaktim
F **a.** istiyorum **b.** istiyorsun **c.** istiyor **d.** istiyoruz **e.** istiyorsunuz **f.** istiyorlar
G **a.** -m **b.** -n **c.** -sı **d.** -mız **e.** -niz **f.** -leri
H **a.** -ım **b.** -i **c.** -i **d.** -mız **e.** -niz **f.** -ecek
I **a.** -i **b.** -im **c.** -ı **d.** -ım **e.** -ımız **f.** -in

TEST 10: Der Satz

A **a.** Ben **b.** Sen **c.** O **d.** Sen **e.** Ben **f.** Siz
B **a.** biliyorum **b.** içmem **c.** güzel **d.** anlamıyorum **e.** alıyorum **f.** yorgun değilim

TEST 11: Die Wortbildung

A **a.** -lık **b.** -luk **c.** lık **d.** -lık **e.** -lik **f.** -lük
B **a.** -cik **b.** -cik **c.** -cik **d.** -çık **e.** -cık **f.** -cık

Register

Die Zahlen sind Seitenangaben. Abkürzungen: f. = und folgende Seite, ff. = und folgende Seiten.